# SPRACHLAND

## Trainingsbuch

Sprachlehrmittel für die Mittelstufe

Lehrmittelverlag Zürich

schulverlag plus

Lehrmittel der Interkantonalen Lehrmittelzentrale

Zu den Übungen im Teil Hören und Sprechen ist die Doppel-CD
«Hörtexte zum Training Hören und Sprechen» erhältlich.

**Inhaltliche Projektleitung**
Elsbeth Büchel, Ursina Gloor

**Autorenteam**
Elsbeth Büchel, Harriet Bünzli, Ursina Gloor, Dieter Isler,
Katharina Marti, Claudia Neugebauer,
Christine Tresch, Nathalie Vital, Michelle Waldispühl

**Expertenteam**
Thomas Bachmann, Hansruedi Hediger, Erica Meyer,
Ann Peyer, Saskia Waibel

**Gestaltung Umschlag**
Klauser Design GmbH

**Gestaltung Inhalt**
Urs Kuster, Caroline Mendelin

**Satz**
DACHCOM.CH AG

**Illustrationen**
Martin Guhl

Dieses Lehrmittel wurde in Zusammenarbeit mit der
Pädagogischen Hochschule Zürich entwickelt.


4. korrigierte Auflage 2014 (3. Auflage 2012)
Klimaneutral gedruckt auf FSC-Papier
ISBN 978-3-03713-376-7 (Lehrmittelverlag Zürich)
ISBN 978-3-292-00524-3 (Schulverlag plus AG)
www.lehrmittelverlag-zuerich.ch
www.schulverlag.ch



www.sprachland.ch

In diesem Buch findest du Sprachübungen zu allen wichtigen Trainingszielen. Mit den Übungen kannst du einzelne Ziele trainieren, damit du die Sprache immer vielfältiger verwenden und nutzen kannst. Das heisst zum Beispiel, du kannst besser lesen und verstehen, interessanter schreiben, präziser sprechen und genauer zuhören.

Training braucht es zum Beispiel für den Vortrag, für das Schreiben einer Geschichte oder eines Briefes, für das Gespräch oder die Buchlektüre. Es ist wie beim Klavierspielen oder beim Fussballspielen: Damit du beim Konzert oder beim Turnier ein gutes Resultat erreichst, brauchst du geschmeidige Finger, gestärkte Muskeln, ein gutes Gedächtnis oder Vorstellungsvermögen und vieles mehr. All das kannst du einzeln und gezielt üben.

Wenn du einen Vortrag hältst oder eine Geschichte schreibst, musst du verschiedene Tätigkeiten gleichzeitig ausführen. Dann erlebst du, wo dir das Training von Einzelfertigkeiten eine gute Grundlage für den Erfolg gebracht hat, aber auch, wo sich das weitere Training noch lohnt.

Alle Übungen im Buch kannst du wiederholen, wenn ein Training nicht ausreicht. Zusätzlich wird bei jeder Übung auf bestimmte Karten in der Trainingskartei hingewiesen. Dort findest du weitere Übungen zu gleichen oder ähnlichen Zielen. Wichtige Regeln zu Grammatik und Rechtschreibung kannst du in den Memos im letzten Kapitel im Buch nachlesen.

Am Anfang jedes Kapitels im Buch findest du eine Übersicht mit den Trainingszielen. Hier kannst du nachschauen, welche Ziele du verfolgen musst. Ausserdem kannst du mit Hilfe der angegebenen Übungen feststellen, wie gut du ein Ziel bereits beherrschst und wo du noch mehr Training brauchst.

Viel Erfolg!

**Zeichenerklärung**

| | |
|---|---|
| | Arbeit zu zweit |
| und | Einzelarbeit und Arbeit zu zweit in der gleichen Übung |
| | Arbeit zu dritt |
| Wörterbuch | Angaben zu Materialien, die du zum Bearbeiten der Übung brauchst |
| CD 1, Track 1 | Hinweis auf den Hörtext zur Übung |
| Karte 1 | Hinweis auf weitere Übungen in der Trainingskartei |
| Memo 1 | Hinweis auf das Memo, in dem du die Regeln nachlesen kannst |
| | Wiederholung der Übung |
| | Hinweis auf nützliche Arbeitstechniken im Buch «Arbeitstechniken» |
| | Lernspiel |

Zusatzübungen und Lösungsblätter gibt es auf der CD-ROM im Ordner «Planungen Teilbereiche».

## Teil 1: Lesen



## Teil 2: Schreiben



## Teil 3: Hören und Sprechen



## Teil 4: Grammatik

# Trainingsziele Lesen

| Lesefertigkeit | | Üben und überprüfen |
|---|---|---|
| 1 | Ich kenne verschiedene Trainingsmöglichkeiten, um einen Text korrekt, deutlich und flüssig zu lesen. | Seite 8–13 |

| Gestaltend vorlesen | | Üben und überprüfen |
|---|---|---|
| 2 | Ich gestalte Dialoge interessant und vielfältig. | Karte 35–46 |

| Textverständnis | | Üben und überprüfen |
|---|---|---|
| 3 | Ich nutze beim Lesen Lesehilfen. | Seite 14, 15 |
| 4 | Ich finde in einem Text bestimmte Stichwörter oder Informationen. | Seite 16, 17 |
| 5 | Ich merke, ob ein Wort für das Verstehen eines Textes wichtig ist oder nicht. | Seite 18–21 |
| 6 | Ich verstehe einen Text im grossen Ganzen. | Seite 22, 23 |
| 7 | Ich erkenne in einem Text Wichtiges und halte es mit Stichwörtern fest. | Seite 24, 25 |
| 8 | Ich erkenne in einem Text Wichtiges und halte es mit Strichzeichnungen und Symbolen, als Zeitstrahl, als Tabelle oder als Mindmap fest. | Karte 23–30 |
| 9 | Ich verstehe einen kurzen Text oder einen Textabschnitt ganz genau. | Seite 26–29 |
| 10 | Ich kenne verschiedene Möglichkeiten, um einen Text mit anderen zusammen in vier Schritten zu lesen und zu verstehen. | Seite 30–33 |

Übung

# Flüssig lesen: Lesesprint

Stoppuhr   Zusatzübung 1 bis 3   Karte 1 bis 12

1. Zeichne die Tabelle auf. Trage den Titel des Textes und das Datum ein. Mache dich zum Lesen und Zeitmessen bereit.
2. Lies den Text einmal halblaut durch. Wenn du Fehler machst, wiederholst du den Satz nochmals ohne Fehler. Notiere deine Lesezeit.
3. Lies den Text auf diese Weise immer wieder halblaut durch. Notiere jedes Mal deine Lesezeit. Wirst du schneller? Machst du weniger Lesefehler?
4. Tempo ist nicht alles! Damit dich andere gut verstehen, musst du flüssig, deutlich und möglichst fehlerfrei lesen. Lies deinen Text einer Mitschülerin oder einem Mitschüler vor und bitte um eine Rückmeldung:
   - Hast du flüssig vorgelesen?
   - Hast du deutlich gesprochen?
   - Hast du (fast) keine Fehler gemacht?

Titel:

| Datum | Lesezeit |
|---|---|
| | |

Titel: Ein schöner Nachmittag

| Datum | Lesezeit |
|---|---|
| 12.1.2010 | 1:52 |
| " | 1:46 |
| " | 1:42 |
| 14.1.2010 | 1:47 |
| " | 1:39 |

Du kannst die Übung wiederholen mit den Zusatzübungen 1 bis 3 oder mit einem Text oder einer Leseportion aus dem Lesebuch (nicht länger als eine Seite).

## Ein schöner Nachmittag

*Franz Hohler*

Eine Badewanne und eine Hausapotheke hatten ihren freien Nachmittag und machten zusammen einen Spaziergang. Nach einer Weile wurden sie müde und beschlossen, in ein Café zu gehen, das sich in der Nähe befand. Sie setzten sich an einen Tisch, und die Hausapotheke bestellte zwei Tee mit Zitrone und für jedes einen Apfelkuchen. Den Tee fand die Badewanne nicht besonders gut, aber als sie den Apfelkuchen hinunterschluckte, war sie ganz begeistert und flüsterte der Hausapotheke etwas zu. Diese winkte dem Kellner und bestellte alle Apfelkuchen, die noch da waren. Als er sie gebracht hatte, schluckte die Badewanne einen nach dem andern hinunter, bis das ganze Tablett leer war.

«So», sagte sie zufrieden, «und jetzt gehen wir nach Hause.»

Da kam der Kellner mit einer Rechnung für 2 Tee und 15 Apfelkuchen, aber weder die Hausapotheke noch die Badewanne hatte Geld.

«Dann», sagte der Kellner, «müssen Sie hier bleiben, bis die Rechnung bezahlt ist.»

«Das kommt gar nicht in Frage», sagte die Badewanne, zog ihre Dusche hervor, spritzte den Kellner von oben bis unten nass und liess sie so lange laufen, bis das ganze Café ein einziger See war und die Tische und Stühle im Wasser herumschwammen.

Dann gingen die Hausapotheke und die Badewanne nach Hause, und beide fanden, einen so schönen Nachmittag hätten sie schon lange nicht mehr gehabt.

Übung

# Flüssig lesen: Lesetandem

Zusatzübung 1 bis 3 Karte 1 bis 12

## Basistraining

Bei dieser Übung habt ihr unterschiedliche Aufgaben:
- Die Sportlerin oder der Sportler (S) trainiert die Leseflüssigkeit.
- Die Trainerin oder der Trainer (T) unterstützt und übt dabei das genaue Lesen.

1. Beide lesen den Text gemeinsam halblaut durch. (T) bestimmt das Tempo und achtet darauf, dass (S) gut mitkommt. Wenn (S) einen Lesefehler macht, gibt es zwei Möglichkeiten:
   - Wenn (S) den Fehler **selbst** bemerkt, wiederholt (S) das Wort oder den Satz nochmals richtig, und (T) kontrolliert. Anschliessend lesen beide gemeinsam weiter.
   - Wenn (S) den Fehler **nicht selbst** bemerkt hat, hält (T) als Stoppzeichen eine Hand auf den Text und weist (S) auf den Lesefehler hin. (S) wiederholt das Wort oder den Satz nochmals richtig, und (T) kontrolliert. Anschliessend lesen beide gemeinsam weiter.
2. Beide lesen den Text auf diese Weise gemeinsam mindestens dreimal halblaut durch, bis (S) flüssig liest und (fast) keine Fehler mehr macht.

Du kannst die Übung wiederholen mit den Zusatzübungen 1 bis 3 oder mit einem Text oder einer Leseportion aus dem Lesebuch (nicht länger als eine Seite).

## Aufbautraining

Wenn (S) sich sicher fühlt, kann das Training erschwert werden:

- Beide wechseln sich bei jedem Satz mit halblaut und leise Lesen ab.
- (T) liest halblaut, (S) liest leise mit. Wenn (T) mit Lesen aufhört, muss (S) sofort einspringen und bis zum Satzende weiterlesen.
- (T) liest halblaut, (S) liest leise mit. (T) baut hin und wieder absichtlich Lesefehler ein. (S) muss diese Fehler erkennen und ein Stoppzeichen geben.

Du kannst die Übung wiederholen mit den Zusatzübungen 1 bis 3 oder mit einem Text oder einer Leseportion aus dem Lesebuch (nicht länger als eine Seite).

## Die Erde erzählt

Als ich vor 4,6 Milliarden Jahren entstanden bin, war alles an mir glutheiss und geschmolzen. Schwere Materialien wie Eisen sanken in meine Mitte, wo heute ein heisser Eisen-Nickelkern liegt, während leichtere Materialien nach aussen und an die Oberfläche trieben. Um meinen Erdkern liegt nun eine dicke Schicht heissen weichen Gesteins – der Erdmantel. Auf dem Erdmantel schwimmt jetzt brüchiges, hartes und erkaltetes Gestein, die Erdkruste. Wenn du in einem Raumschiff ganz hoch im All fliegen würdest, dann könntest du sehen, dass ich eine kugelige Form habe. Ich sehe aus der Ferne aus wie ein blauer Ball, denn meine Erdkruste ist mit vielen Meeren bedeckt. Deshalb nennt man mich auch den blauen Planeten. Ihr Menschen lebt natürlich auf dem Land, das sind meine Kontinente. Die sind meistens grün von den Pflanzen, die auf mir wachsen, oder gelb und braun, das sind meine Wüsten und Felsengebirge. Aus dem Weltall kannst du auch erkennen, dass ich an meinen Polen, also oben und unten, von einem weissen Eispanzer bedeckt bin.

Ich drehe mich um meine eigene Achse, dabei werde ich immer von meinem Mond begleitet. Zusammen mit anderen Planeten drehen wir uns um die Sonne, deshalb gehören die anderen Planeten und ich zu unserem Sonnensystem. Unser Sonnensystem sitzt ganz weit draussen auf dem Arm einer Spirale aus Tausenden von Sternen. Dies ist unsere Galaxie, die Milchstrasse.

Weil wir uns auf dem Rand unserer Spiralengalaxie befinden, können wir in sternenklaren Nächten weit in unsere Galaxie schauen. Die Wissenschaftler können sogar noch weiter ins Weltall schauen und dort auf andere Galaxien blicken.

In unserem Sonnensystem bin ich der einzige Planet, auf dem es Lebewesen gibt, nicht einmal auf dem Mars hat man bisher «grüne Männchen» gefunden. Aber wer weiss, vielleicht gibt es in den fernen Galaxien Lebewesen. Wie die wohl aussehen?

Übung

# Flüssig lesen: Lesestafette

Kopien des Textes, Leuchtstift · Zusatzübung 1 bis 3 · Karte 1 bis 12

**Basistraining**

1. Lest den ganzen Text zweimal gemeinsam halblaut durch. Wählt das Tempo so, dass alle gut mitkommen.
2. Teilt den Text in kurze Lesestrecken von 1 bis 3 Sätzen auf und markiert die Grenzen zwischen den Lesestrecken fein mit Bleistift.
3. Verteilt die Lesestrecken gleichmässig auf alle und markiert eure eigenen Lesestrecken mit einem Leuchtstift.

## Jeder kann etwas |

= meine Lesestrecken

Das Pferd stand auf der Wiese. Da bekam es Besuch. | Aus dem Wald kamen das Eichkätzchen und der Kuckuck. Aus dem Weiher hüpfte der Frosch heran. | Und dann kam auch noch der Maulwurf über die Wiese gerannt. | Das Pferd sagte: | «Ich habe Kraft. Wenn ihr wollt, könnt ihr euch alle auf meinen Rücken setzen, dann trage ich euch im Galopp über die Wiese. | Wer von euch kann mich tragen?» |

«Ich nicht», sagte das Eichkätzchen. | «Dafür kann ich etwas anderes. Da drüben steht eine hohe Tanne. | Wer klettert mit mir um die Wette am Stamm hinauf?» |

Auf diese Wette wollte sich keiner einlassen.

4. Lest den Text als Lesestafette: Immer jemand von euch liest die eigene Lesestrecke laut vor, die anderen lesen unhörbar mit und übernehmen, sobald sie an die Reihe kommen.
5. Übt die Lesestafette so lange, bis die Wechsel ohne Stolpern, Tempoverlust und Lautstärkenschwankungen gelingen.
6. Tauscht eure Texte und übt mit anderen Lesestrecken.

**Aufbautraining**

Probiert auch andere Formen der Lesestafette aus:

- Bildet zwei Gruppen (A und B). Gruppe A liest gemeinsam laut, Gruppe B liest leise mit. Sobald in Gruppe A ein Lesefehler passiert, übernimmt Gruppe B.
- Bestimmt zuerst ein Signal, das in eurem Text häufig vorkommt (z. B. das Wort **und** oder das grosse **E**). Reihum liest jemand laut, die anderen lesen leise mit. Wenn das Textsignal auftaucht, übernimmt sofort die nächste Person und liest weiter.

- Lest den Text und wechselt bei jeder Zeile. Dabei soll aber keine unnötige Pause entstehen und die Satzmelodie nicht unterbrochen werden.
- Stellt euch in zwei Reihen hintereinander auf. Die vorderen beiden lesen gemeinsam laut, die hinteren lesen leise mit. Wenn beim Lautlesen ein Fehler passiert, tauschen die beiden vorderen Kinder mit den hinteren den Platz. Die beiden, die jetzt vorne stehen, lesen weiter.
- Setzt euch in einen Kreis. Jemand steht auf und liest laut vor, die andern lesen leise mit und geben einen Gegenstand (z. B. einen Gummi) als Spielzeichen im Kreis herum. Wenn die Vorleserin oder der Vorleser stoppt, muss die Person mit dem Spielzeichen sofort übernehmen.

Du kannst die Übung wiederholen mit den Zusatzübungen 1 bis 3 oder mit einem Text oder einer Leseportion aus dem Lesebuch (nicht länger als eine Seite).

## Jeder kann etwas

*Josef Guggenmos*

Das Pferd stand auf der Wiese. Da bekam es Besuch. Aus dem Wald kamen das Eichkätzchen und der Kuckuck. Aus dem Weiher hüpfte der Frosch heran. Und dann kam auch noch der Maulwurf über die Wiese gerannt. Das Pferd sagte: «Ich habe Kraft. Wenn ihr wollt, könnt ihr euch alle auf meinen Rücken setzen, dann trage ich euch im Galopp über die Wiese. Wer von euch kann mich tragen?»

«Ich nicht», sagte das Eichkätzchen. «Dafür kann ich etwas anderes. Da drüben steht eine hohe Tanne. Wer klettert mit mir um die Wette am Stamm hinauf?»

Auf diese Wette wollte sich keiner einlassen.

«Ich kann nicht klettern», sagte der Kuckuck, «aber ich kann fliegen. Im August fliege ich nach Afrika, und im nächsten April bin ich wieder hier. Und ganz allein finde ich bis nach Afrika und wieder zurück. Ist das nichts?»

«Das ist toll», meinte der Frosch. »Aber ich kann auch etwas. Ich kann schwimmen. Und wenn's Winter wird, setze ich mich unten im Weiher in den Schlamm und warte, bis es Frühling wird.»

«Das macht dir keiner nach», sagten die anderen Tiere.

«Jeder von uns kann etwas Besonderes. Aber du, Maulwurf ... Wo steckst du denn? – Maulwurf, wo bist du?»

Sie starrten auf die Stelle, wo der Maulwurf eben noch gestanden hatte. Da war nur ein Loch.

«Hier bin ich!», rief der Maulwurf hinter ihnen.

Während die anderen redeten, hatte er sich unter ihren Füssen durch die Erde gewühlt. Jeder kann etwas.

Übung 1

## Lesehilfen nutzen

Zusatzübung 4 Karte 13, 14

1. Schau den Text auf der nächsten Seite genau an. Er ist auf Russisch in kyrillischer Schrift geschrieben. Worum könnte es gehen? Schreibe einen möglichen Titel und 5 Sätze auf, die im Text stehen könnten.
2. Suche im Text 10 Zahlen. Von welchen findest du heraus, was sie bedeuten? Notiere deine Vermutungen.

Du kannst die Übung wiederholen mit der Zusatzübung 4.

Übung 2

Zusatzübung 5 Karte 13, 14

1. Vergleiche den Text auf dieser Seite mit dem Text auf der nächsten Seite. Schau die Wörter und Sätze genau an. Was fällt dir auf?
2. Mit welchen Lesehilfen wurde der Text auf der folgenden Seite gestaltet? Notiere mindestens 5 Beispiele.

Du kannst die Übung wiederholen mit der Zusatzübung 5.

Озеро Байкал – восьмое чудо света Путешествуя по Байкалу на байдарке, меньше всего думаешь о том, что сейчас под тобой 20 процентов мировых запасов чистейшей пресной воды География озера Байкал Озеро Байкал – самое древнее озеро на Земле. Байкал находится на юге Восточной Сибири. Длина озера 636 км, наи-большая ширина в центральной части 81 км, минимальная ширина – 27 км. Более половины береговой линии озера находится под защитой природоохранных организаций. Максимальная глубина озера 1637 м. Несомненно то, что Байкал – самое глубокое озеро в мире, ближайший претендент на это звание, африканское озеро Таньганьика. В Байкал впадает 336 постоянных рек и ручьев, самая большая – Селенга. Из Байкала вытекает единственная река – Ангара. На Байкале 30 островов, самый крупный – остров Ольхон. Вода Байкала Байкальская вода уникальна и удивительна, как сам Байкал. Она необыкновенно прозрачна, чиста и насыщена кислородом. В не столь уж и древние времена она считалась целебной, с ее помощью лечили болезни. Объем воды в Байкале составляет 20 процентов мировых и 90 процентов российских запасов пресной воды. Животный и растительный мир Байкала В Байкале водится более 2600 видов и

# Озеро Байкал – восьмое чудо света

**Путешествуя по Байкалу на байдарке, меньше всего думаешь о том, что сейчас под тобой 20 процентов мировых запасов чистейшей пресной воды**

Байкал – самое древнее и самое глубокое озеро в мире.

### География озера Байкал

Озеро **Байкал – самое древнее озеро** на Земле. Байкал находится на юге Восточной Сибири. Длина озера 636 км, наибольшая ширина в центральной части 81 км, минимальная ширина – 27 км. Более половины береговой линии озера находится под защитой природоохранных организаций.

Максимальная глубина озера 1637 м. Несомненно то, что Байкал – **самое глубокое озеро в мире,** ближайший претендент на это звание, африканское озеро Таньганьика.

В Байкал впадает 336 постоянных рек и ручьев, самая большая – Селенга. Из Байкала вытекает единственная река – Ангара.

На Байкале 30 островов, самый крупный – остров Ольхон.

### Вода Байкала

Байкальская вода уникальна и удивительна, как сам Байкал. Она необыкновенно прозрачна, чиста и насыщена кислородом. В не столь уж и древние времена она считалась целебной, с ее помощью лечили болезни. Объем воды в Байкале составляет 20 процентов мировых и 90 процентов российских запасов пресной воды.

## Животный и растительный мир Байкала

В Байкале водится более 2600 видов и разновидностей животных и более 1000 видов растительных организмов. Время от времени открывают новые виды. Около половина растений и почти все виды животных, обитающих в открытом Байкале, **встречаются только** в Байкале. В озере насчитывается 58 видов рыб. Наиболее известные – омуль, сиг, хариус, таймень, осетр, голомянка, ленок.

Байкальская нерпа встречается только на побережье Байкала.

**На побережье Байкала** произрастает около 2000 видов растений. На берегах гнездится много видов птиц. В Байкале встречается уникальное, типично морское млекопитающее – **байкальская нерпа.** В настоящее время в озере насчитывается несколько десятков тысяч нерп. Летом в центральной и северной частях озера их можно видеть довольно часто. 5 декабря 1996 года, Байкал был включен в Список природного наследия ЮНЕСКО.

Übung 1

## Bestimmte Informationen finden

Zusatzübung 6 | Karte 15 bis 18

1. Schau den Text «Im goldenen Käfig» an, ohne ihn zu lesen. Worum geht es? Welche Wörter sind rot gedruckt? Schreibe deine Vermutung auf.
2. Suche im Text alle Wörter mit den folgenden Wortbausteinen und notiere die gefundenen Wörter und die Zeilennummern.
   **REICH** **METALL** **GUT**
3. Lies den ganzen Text. Schreibe die Sätze ab, in denen die folgenden Stichwörter vorkommen:
   - **eine besondere Bedeutung**
   - **zahlreiche Redensarten**
   - **auf den ersten Blick**
   - **spuckt und kackt**

REICH: zahlreiche (Zeile 15)

Du kannst die Übung wiederholen mit der Zusatzübung 6.

Übung 2

Zusatzübung 7 | Karte 15 bis 18

1. Lies den Text «Im goldenen Käfig». Erstelle eine Tabelle mit 6 Sprichwörtern oder Redensarten aus dem Text und erkläre, was sie bedeuten.
2. Unterstreiche in deiner Tabelle alle Wörter, in denen der Wortbaustein **GOLD** vorkommt.
3. Im Bild sind 2 Redensarten dargestellt. Wo kommen sie im Text vor? Notiere die Zeilennummern.

Du kannst die Übung wiederholen mit der Zusatzübung 7.

| Sprichwörter und Redensarten aus dem Text | Bedeutung |
| --- | --- |
| jedes Wort auf die Goldwaage legen | alles, was andere sagen, sehr ernst nehmen |

# Im goldenen Käfig

Goldene Sprichwörter und Redensarten

Gold hatte für uns Menschen schon immer eine besondere Bedeutung. Das beweisen die vielen Sprichwörter und Redensarten aus alter Zeit, in denen das Edelmetall vorkommt.

Legst du jedes Wort auf die Goldwaage? Dann nimmst du Äusserungen von anderen wortwörtlich und übergenau – oder du drückst dich gegenüber empfindlichen Personen besonders vorsichtig aus. Eine Goldwaage ist ja so genau, dass sie das kostbare Metall in kleinsten Mengen wiegen kann. Wenn jemand zu dir sagt: «Du bist ja nicht mit Gold aufzuwiegen» – darfst du dich geschmeichelt fühlen. Denn er will damit sagen, dass du unbezahlbar und unersetzlich bist.

Gold ist wertvoll. Das bringen zahlreiche Redensarten zum Ausdruck. «Gold in der Kehle» haben Sänger mit einer besonders schönen Stimme. «Reden ist Silber, Schweigen ist Gold» bedeutet, dass es besser ist, den Mund zu halten als zu viel auszuplaudern. «Eigener Herd ist Goldes wert» drückt aus, wie sehr man den eigenen Haushalt schätzt. «Morgenstund' hat Gold im Mund» sagen die Frühaufsteher. Denn wer morgens früh beginnt, hat bereits viel erledigt, bevor andere aus ihrem Bett kriechen.

Eine «goldene Nase verdient» sich, wer auf einfache Weise ein gutes Geschäft macht. Das brauchen Leute, die «mit einem goldenen Löffel im Mund geboren werden», nicht. Denn sie haben reiche Eltern. Wer reich ist, hat es nicht nötig, tatsächlich auch Schubladen mit Goldbesteck zu besitzen.

Eher unangenehm dagegen ist es, «im goldenen Käfig zu sitzen». Klingt zwar zunächst ganz gut, aber Käfig bleibt Käfig, auch wenn er aus Gold ist, der Gefangene ist trotz seines grossen Reichtums unfrei. Derjenige, der etwas tut, das ihm selbst Schaden bringt, «schlachtet das Huhn, das goldene Eier legt». Er kann sich nur damit trösten, dass «nicht alles Gold ist, was glänzt». Manche Dinge sehen zwar auf den ersten Blick gut aus, dieser Schein kann aber täuschen.

«Jemandem eine goldene Brücke bauen», bedeutet, ihm entgegenzukommen und es ihm leichter zu machen, einen Fehler einzugestehen. Oder ihm zu helfen, leichter voranzukommen. Wie auch immer, einen «Goldesel», der Goldmünzen spuckt und kackt, hat keiner zu Hause.

Übung 1

## Mit unbekannten Wörtern umgehen (1)

Zusatzübung 8

1. Lies den Text mit den abgedeckten Wörtern. Worum geht es? Schreibe deine Antwort auf.
2. Lies die Liste mit verschiedenen Titeln. Welche beiden Titel passen jeweils zu welchem Abschnitt im Text? Schreibe die Antworten auf. Achtung: 2 Titel passen zu keinem Abschnitt.

Abschnitt 1
e) Das erste Telefon
...

Du kannst die Übung wiederholen mit der Zusatzübung 8.

| | |
|---|---|
| a | Schulen bieten Telefonierkurse an |
| b | Die Idee von Philipp Reis wird weiterentwickelt |
| c | In der Schweiz waren Telefonapparate lange Zeit verboten |
| d | Telefonieren nur mit Hilfe von Telefonistinnen möglich |
| e | Das erste Telefon |
| f | Ein eigenes Telefon – nicht für alle eine Selbstverständlichkeit |
| g | Die ersten Telefone in der Schweiz |
| h | Philipp Reis – führt das erste Telefon vor |
| i | Das erste Telefon der Welt wird 1881 verkauft |
| j | Die ersten Telefonapparate in den USA |

Übung 2

Zusatzübung 9

1. Lest den Text mit den abgedeckten Wörtern. Sucht passende Ausdrücke für die abgedeckten Wörter. Notiert die Nummern und eure Vorschläge.
2. Wie habt ihr herausgefunden, was die abgedeckten Wörter bedeuten könnten? Schreibt die Antwort auf.

Du kannst die Übung wiederholen mit der Zusatzübung 9.

Übung 3

Lösungsblatt  Zusatzübung 10

1. Lies den Text mit den abgedeckten Wörtern und anschliessend den vollständigen Text auf dem Lösungsblatt.
2. Wie war das Lesen mit und wie ohne abgedeckte Wörter? Schreibe deine Erfahrungen auf.

Du kannst die Übung wiederholen mit der Zusatzübung 10.

*Aus der Geschichte der Kommunikation*

## Die (1) des Telefons

Abschnitt 1

1861 zeigte der Deutsche Philipp Reis an (2) (3) einen Apparat, mit dem man (4) Stimme (5) konnte. Er hatte das erste Telefon (6) .

Abschnitt 2

Verschiedene (7) (8) diesen Apparat weiter, darunter der Amerikaner Alexander Bell. Ab 1877 konnte man in den USA die ersten Telefonapparate nach (9) von Bell kaufen.

Abschnitt 3

Ab 1881 konnte man auch in der Schweiz telefonieren. Die ersten Telefone hatten noch keine (10) , sondern (11) . Wenn man eine Telefon (12) wünschte, drehte man an (13) . In der Telefonzentrale fragte eine Telefonistin, wen sie (14) müsse. Wollte zum Beispiel Herr Gut mit der Telefonnummer 7 Frau Müller mit der Telefonnummer 16 anrufen, musste die Telefonistin (15) (16) einstecken.

Abschnitt 4

Lange Zeit blieb das Telefon etwas Besonderes. Viele Familien hatten keinen eigenen Telefon(17) und so hatten auch nicht alle Menschen (18) mit dem Telefonieren. Es gab deshalb in den Schulen speziellen Telefonunterricht, in dem die Kinder lernten, wie man das Telefon (19) und wie man sich am Telefon meldete.

Übung 1

## Mit unbekannten Wörtern umgehen (2)

Lösungsblatt  Zusatzübung 11

1. Lies den Text mit den abgedeckten Wörtern. Worum geht es? Für welche der abgedeckten Wörter findest du passende Ausdrücke? Notiere die Nummern und deine Vorschläge.
2. Vergleiche deine Lösungen mit dem vollständigen Text auf dem Lösungsblatt.
3. Warum ist es schwierig, für die abgedeckten Wörter passende Ausdrücke zu finden? Schreibe einen Grund auf.

Du kannst die Übung wiederholen mit der Zusatzübung 11.

Übung 2

Lesebuch, Streifen aus dickem Papier oder zugeschnittene Klebezettel, Schere, grüner und roter Stift

1. Nehmt eure Lesebücher. Wählt je eine Geschichte oder einen Sachtext aus und schreibt die ersten 4 bis 6 Sätze ab. Lasst immer eine Linie aus. Zeigt einander eure Texte noch nicht.
2. Wählt 10 Wörter aus und deckt sie mit Papierstreifen oder Klebezetteln ab.
3. Zeigt einander eure Texte. Lasst die Wörter abgedeckt. Für welche dieser Wörter findet ihr einen Ausdruck, der zum Inhalt des Textes passen könnte? Nehmt die Streifen auf diesen Wörtern weg und unterstreicht die Wörter grün.
   Für welche dieser Wörter findet ihr keinen Ausdruck, der zum Inhalt des Textes passen könnte? Nehmt die Streifen auf diesen Wörtern weg und unterstreicht die Wörter rot.
4. Besprecht zusammen und schreibt auf:
   - Warum habt ihr für die grünen Wörter sinnvolle Ausdrücke gefunden?
   - Warum habt ihr für die roten Wörter keine sinnvollen Ausdrücke gefunden?

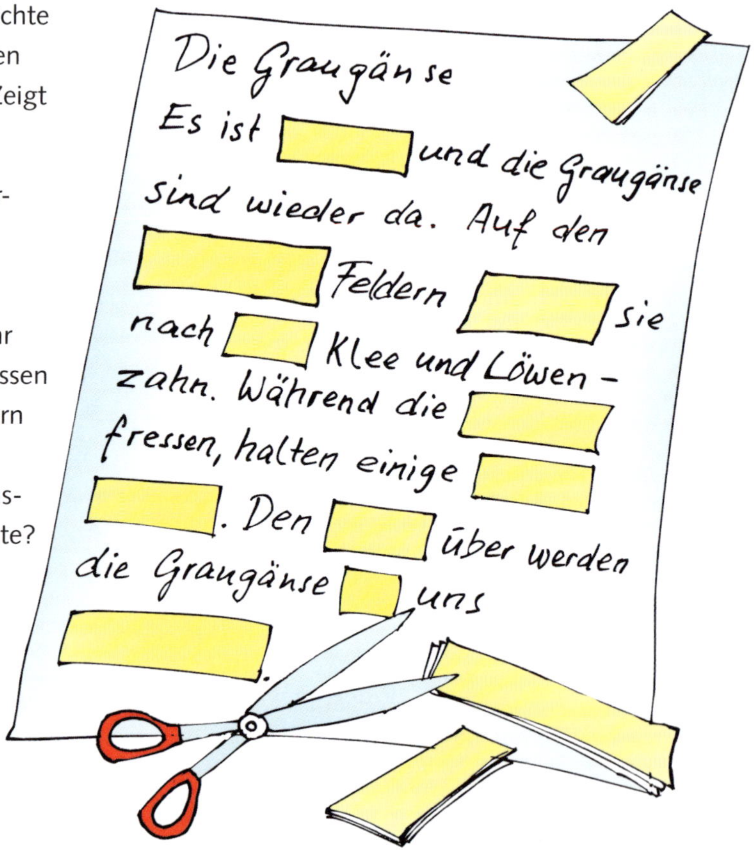


Du kannst die Übung wiederholen, indem du einen anderen Text im Lesebuch wählst.

*Entdeckungen aus dem 19. Jahrhundert*

## Was ist (1) ?

Auf Griechisch bedeutet (2) (3) und (4) «schauen». (5) heisst also wörtlich übersetzt (6) -Schau». Wenn von (7) gesprochen wird, geht es also um das Anschauen und Erkennen von (8) . Bereits im 19. Jahrhundert wurde die (9) in Grossbritannien zur (10) von Verbrechen eingesetzt.

Fachleute für (11) untersuchen unter anderem (12) und sind für die Personen (13) zuständig. (14) müssen zuerst am (15) gesichert werden. Je nachdem, auf welchem Material (16) gefunden werden, sind unterschiedliche (17) nötig. Auf Glas oder Plastik beispielsweise lassen sich (18) mit (19) ganz einfach (20) machen und mit (21) sichern.

Übung 1

## Den Text im grossen Ganzen verstehen

Zusatzübung 12, 13 Karte 19, 20

Lies zuerst den Text «Erfindungen» und dann die Aussagen in der Liste nebenan. Welche Aussagen stimmen? Schreibe die richtigen Aussagen ab.

Du kannst die Übung wiederholen mit den Zusatzübungen 12 und 13.

| | |
|---|---|
| a | Als der erste Mensch auf die Welt kam, fand er ein Haus, das er bewohnen konnte. |
| b | Der erste Mensch freute sich nicht, als am Himmel dunkle Wolken aufzogen und es zu regnen begann. |
| c | Es regnete und der erste Mensch liess einen anderen in seinem Haus unterstehen. |
| d | Der erste Mensch zeigte seine Erfindungen niemandem. |
| e | Der erste Mensch wurde für seine Erfindungen gelobt. |
| f | Beide Menschen hatten Erfindungen gemacht. Der eine traute sich nicht zu sagen, was er erfunden hatte. |

Übung 2

Zusatzübung 14 Karte 19, 20

1. Lies den Text «Erfindungen». Er ist in 9 Sinnabschnitte geteilt.
2. In der Tabelle findest du Sätze zu einigen Sinnabschnitten. Schreibe die Tabelle ab und ergänze die leeren Zeilen mit je einem eigenen passenden Satz.
3. Lies die vollständige Zusammenfassung noch einmal durch.

Du kannst die Übung wiederholen mit der Zusatzübung 14.

| Sinnabschnitt | Zusammenfassung |
|---|---|
| 1 | Der erste Mensch kam auf die Welt. |
| 2 | Er erfand den Stuhl. |
| 3 | |
| 4 | Ein Wind kam und Wolken zogen heran. |
| 5 | |
| 6 | |
| 7 | Er zeigte ihm alles, was er erfunden hatte. |
| 8 | |
| 9 | Der andere getraute sich nicht, zu sagen, dass er den Wind und den Regen erfunden hatte. |

# Erfindungen

*Jürg Schubiger*

Als der erste Mensch auf die Welt kam, fand er die Welt noch leer. Er (1)
ging herum, bis er müde war. Da fehlt doch etwas, dachte er, ein Dings, (2)
ein vierbeiniges, worauf man sitzen kann. Und er erfand den Stuhl. Er
setzte sich und schaute in die Weite. Wonderful[1]. Wunderbar. Aber
irgendwie nicht wunderbar genug. Da fehlt doch etwas, dachte er, ein
Dings, ein viereckiges, unter das man die Beine strecken, auf das man (3)
die Ellenbogen stützen kann. Und er erfand den Tisch. Er streckte seine
Beine darunter, stützte seine Ellenbogen darauf und schaute in die Weite.
Wonderful. Aus der Weite aber kam allmählich ein Wind, und mit ihm (4)
zogen dunkle Wolken heran. Es begann zu regnen. Nicht wonderful. Da
fehlt doch etwas, ein Dings mit einem Dings darauf, das einen vor Wind
und Wasser schützt. Und er erfand das Haus. Er holte Stuhl und Tisch (5)
herein, setzte sich, streckte die Beine, stützte die Ellenbogen auf und
schaute durchs Fenster in den Regen. Wonderful.

Hinter dem Regen sah er jetzt einen anderen Menschen. Er kam auf das
Haus zu. Darf ich unterstehen?, fragte der andere Mensch. Please[2], sagte (6)
der erste. Bitte.

Er zeigte dem anderen, was er alles erfunden hatte: den Stuhl zum Sitzen,
den Tisch für die Beine und die Ellenbogen, das Haus mit den vier (7)
Wänden und dem Dach darüber gegen Wind und Wasser, die Tür zum
Hineingehen, das Fenster zum Hinausschauen.

Als dann der andere Mensch alle Erfindungen gesehen, ausprobiert und (8)
gelobt hatte, fragte der erste: Und Sie, lieber Nachbar?

Der andere schwieg. Er getraute sich nicht, zu sagen, dass er den Wind (9)
und den Regen erfunden hatte.

[1] *wonderful = (englisch) wundervoll, wunderbar*
[2] *please = (englisch) bitte*

Übung 1

# Wichtiges erkennen und festhalten

Zusatzübung 15 Karte 21 bis 30

1. Lies den Text «Farben». Beantworte die folgenden Fragen und schreibe die Antworten auf:
   - Wie heisst der Autor des Textes?
   - Woher kommt er?
   - Was bemerkt er?
2. Nimm ein Blatt im Querformat. Übertrage die obere Tabelle. Welches Stichwort und welche Zeichnung passt zu welchem Abschnitt im Text? Fülle die Tabelle aus.

Du kannst die Übung wiederholen mit der Zusatzübung 15.

| Stichwörter | Zeichnung | Abschnitt im Text |
|---|---|---|
| beim Malen auf meine Hand schauen | c | Abschnitt 3 |
| Unterschied erkennen und selber neue Farbe mischen lernen | | |
| fertige Hautfarbe aus Europa oder Amerika | | |
| Namen der Farben kennen lernen | | |

a

b

c

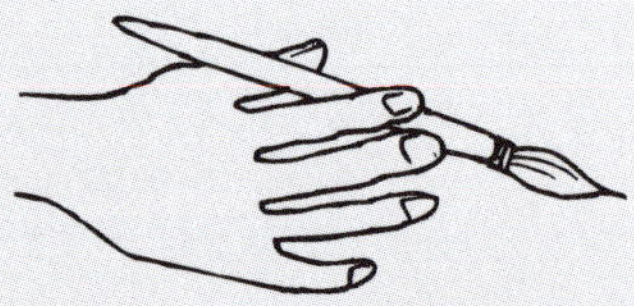

d

Übung 2

Zusatzübung 16 Karte 21 bis 30

1. Schaut in Übung 1 die Stichwörter und die Zeichnungen an. Lest den Text «Farben».
2. Macht je einzeln einen Spickzettel, der euch beim Nacherzählen des Textes hilft. Ihr könnt Stichwörter oder Strichzeichnungen oder beides verwenden.
3. Vergleicht eure Spickzettel. Erzählt einander den Text mit Hilfe eures Spickzettels.

Du kannst die Übung wiederholen mit der Zusatzübung 16.

# Farben

*Mohieddin Ellabbad, ein ägyptischer Zeichner und Schriftsteller, erzählt aus seiner Kindheit.*

Als wir schon etwas älter waren, lernten wir die Namen der vielen verschiedenen Farben kennen. Wir lernten, dass «Blau» nicht gleich «Blau» war und dass es Dutzende verschiedener «Rot», «Gelb» und «Grün» gab. Wir erfuhren auch, dass es noch viele Farben gab, die kaum bekannt waren. Abschnitt 1

Damals lernten wir auch eine Farbe kennen, die man «Hautfarbe» nannte. Wir kauften sie als Fertigpaste in einer Tube oder als Flüssigkeit in einem Glas. Wir nahmen sie so, wie sie war, und malten mit ihr die Gesichter, Hände und Körper. Damals dachte keiner von uns darüber nach, dass diese Farbe in Europa und Amerika hergestellt und nach Ägypten importiert wurde. Darum überlegten wir auch nicht, dass sie für die Leute gedacht war, die sie herstellten, und dass sie deshalb zu ihrer Haut passte. Abschnitt 2

Als ich wieder einmal am Malen war, schaute ich auf meine Hand, die den Pinsel hielt, und auf die Menschen, die ich mit der Fertigfarbe gemalt hatte. Was für ein Unterschied! Die Farbe meiner eigenen Haut sah vollkommen anders aus als die, mit der ich meine Figuren malte. Ich staunte und hörte auf zu malen. Danach benutzte ich diese Farbe nie mehr. Stattdessen lernte ich, wie ich selbst eine neue Farbe für Gesicht, Hände, Beine und Körper mischen konnte. Die Farbe meiner eigenen Haut und die meiner Leute. Abschnitt 3

Übung 1

## Kurze Texte genau verstehen

Zusatzübung 17 Karte 31, 32

1. Lies den Text «Zeitmessung im Mittelalter» und schau die Bilder an.
2. Lies die Aussagen nebenan. Welche Aussagen stimmen? Schreibe die richtigen Aussagen ab. Notiere, in welchem Abschnitt des Textes sie stehen.

Du kannst die Übung wiederholen mit der Zusatzübung 17.

| | |
|---|---|
| a | Die Räderuhr wurde vor allem in der Nacht eingesetzt. |
| b | Eine Stunde dauerte in der Nacht länger als am Tag. |
| c | Im Mittelalter wurde die Zeit zwischen Sonnenaufgang und Sonnenuntergang in zwölf Stunden eingeteilt. |
| d | Die zwölf Tagesstunden waren im Sommer länger als im Winter. |
| e | Eine Arbeitsstunde war an einem Tag im Sommer kürzer als im Winter. |
| f | Sonnenuhren ermöglichten es, die Stunden während des ganzen Jahres gleich einzustellen. |
| g | Eine Arbeitsstunde war im Sommer länger als im Winter. |

Übung 2

Zusatzübung 18 Karte 31, 32

1. Lies den Text «Zeitmessung im Mittelalter» und schau die Bilder an. Erstelle eine Tabelle und schreibe die Stichwörter in die richtige Spalte.
2. Erkläre, was die Erfindung der Räderuhr verändert hat. Schreibe die Erklärung auf.

Du kannst die Übung wiederholen mit der Zusatzübung 18.

| Im Sommer | Im Winter |
|---|---|
| Die Sonne scheint länger. | |

**Stichwörter**
Die Sonne scheint länger.
Eine Arbeitsstunde dauerte länger.
Die zwölf Nachtstunden waren länger.
Die zwölf Tagesstunden waren länger.
Die Zeit von Sonnenuntergang bis Sonnenaufgang ist länger.

## Zeitmessung im Mittelalter

Im Mittelalter bestimmte der Sonnenstand die Zeitmessung. Mit Hilfe von Sonnenuhren wurde die Tageszeit festgestellt. Die Zeit zwischen Sonnenaufgang und Sonnenuntergang wurde immer in genau zwölf Stunden eingeteilt. — Abschnitt 1

Da die Sonne im Sommer länger scheint als im Winter, waren die zwölf Tagesstunden im Sommer länger als im Winter. Und so dauerte auch eine Arbeitsstunde – beispielsweise von 9 bis 10 Uhr vormittags – im Sommer länger als im Winter. — Abschnitt 2

Die Zeit von Sonnenuntergang bis Sonnenaufgang ist im Winter länger als im Sommer. Deshalb dauerten die zwölf Nachtstunden im Winter länger. — Abschnitt 3

Erst als die Räderuhr erfunden wurde, konnte man die Zeit unabhängig vom Sonnenstand bestimmen und es wurde möglich, die Stunden während des ganzen Jahres gleich einzuteilen. — Abschnitt 4

*Auf einer Sonnenuhr kann man die Zeit nur ablesen, wenn die Sonne scheint und einen Schatten auf das Zifferblatt wirft.*

*Eine Räderuhr läuft unabhängig vom Sonnenstand.*

Übung 1

# Schlüsselstellen genau verstehen

Zusatzübung 19 Karte 33, 34

1. Lies den Text «Der Seeotter». Schau den zweiten Abschnitt genau an. Er ist in 4 Teile gegliedert: A, B, C1 und C2. Warum ist er in 4 Teile gegliedert? Schreibe eine Antwort auf.
2. Warum heissen die Teile A, B, C1 und C2 und nicht A, B, C und D? Schreibe eine Antwort auf.

Du kannst die Übung wiederholen mit der Zusatzübung 19.

Übung 2

Zusatzübung 20 Karte 33, 34

1. Lies den Text «Der Seeotter». Lies den zweiten Abschnitt nochmals und schreibe oder zeichne, was in Teil A, B, C1 und C2 passiert.
2. Lies die Bildlegende zum Foto mit dem Seetang. In welchem Abschnitt findest du Informationen zu Seetang? Wozu brauchen Seeotter Seetang? Schreibe 2 Beispiele auf.

Du kannst die Übung wiederholen mit der Zusatzübung 20.

## Der Seeotter

Der Seeotter lebt an der Küste des Nordpazifiks. Er ernährt sich vorwiegend von Seeigeln, Meeresschnecken und Muscheln. Um am Meeresgrund Muscheln loszubrechen, nimmt der Seeotter Steine zu Hilfe. Er gehört somit zu den Tieren, die Werkzeuge verwenden.

Mit einem Stein schlägt der Seeotter gegen eine Muschel, bis sie sich vom felsigen Grund löst. **A** / Ist ihm dies gelungen, schwimmt er mit seiner Beute an die Meeresoberfläche. **B** / Dort legt er sich einen Stein auf die Brust und schlägt die Muschel darauf, bis die Schale aufbricht. **C1** / Manchmal geht er auch umgekehrt vor. Er öffnet die Muschel, indem er sie auf die Brust legt und sie mit einem Stein zerschlägt. **C2**

Weil das Fell des Seeotters an der Brust nicht fest am Körper liegt, sondern weiche Falten und Taschen bildet, verletzt er sich beim Öffnen der Muscheln nicht.

Der Seeotter verbringt den grössten Teil seines Lebens im Wasser, wo er sogar schläft. Um im Schlaf nicht von der Strömung weggetrieben zu werden, baut er eine Art Nest aus Seetang. Weibliche Seeotter schützen so auch ihre Jungen: Müssen sie die Jungen an der Meeresoberfläche allein lassen, um am Grund nach Futter zu suchen, sichern sie die Kleinen mit «Seilen» aus am Meeresgrund festgewachsenem Seetang.

*Seeotter mit Muschel*

*Seetang: am Meeresgrund festgewachsene Unterwasserpflanzen*

# Einen Text zu zweit selbstständig lesen

Lesetext

Für diese Trainingsvorschläge braucht ihr einen Text, der höchstens eine Seite lang ist.
Wenn euer Text länger ist, unterteilt ihr ihn zuerst in Portionen.

Macht ab, wer die Rolle von A und wer die Rolle von B übernimmt.

Wählt aus den Feldern 1 bis 4 je eine Übung (zum Beispiel 1b, 2a, 3c, 4c).
Wenn ihr bei einer Übung den Text abschnittweise bearbeiten müsst, könnt ihr auch 2 bis 3 kurze Abschnitte zu einem Abschnitt zusammenfassen.

**1 Sich auf den Text einstimmen**

a Lest beide leise für euch den Titel und die ersten beiden Sätze. Legt den Text weg und vermutet, was im Text stehen könnte.

b Schaut beide auf den Text. A sucht ein langes Wort und liest es vor. B versucht das Wort so schnell als möglich zu finden und zeigt das Wort im Text. Wechselt die Rollen so lange, bis beide je 5 Wörter vorgelesen und gefunden haben. Überlegt euch mit Hilfe der Wörter, die ihr einander vorgelesen habt, was im Text stehen könnte.

**2 Den Text lesen**

a Lest den Text gemeinsam halblaut durch.

b Lest abwechslungsweise einen Satz. Lest das erste Wort leise, das zweite halblaut, das dritte wieder leise usw.

c Lest halblaut abwechslungsweise einen Satz. Ersetzt beim Lesen alle **t** durch **k**.

d A nimmt den Text zu sich und liest einen Abschnitt halblaut vor. Bei jedem Satzzeichen stoppt A, und B versucht das Satzzeichen zu erraten. Wechselt nach jedem Abschnitt die Rollen.

e B liest einen Abschnitt halblaut vor. A liest leise mit und spricht alle Nomen halblaut aus. Wechselt nach jedem Abschnitt die Rollen.

## 3 Den Text verstehen

a B hat den Text und liest einen Abschnitt halblaut vor. A hat keinen Text, hört zu und wiederholt anschliessend den Inhalt mit eigenen Worten. Wechselt nach jedem Abschnitt die Rollen.

b A hat den Text und liest halblaut vor. B hat keinen Text und hört zu. A stoppt vor einem wichtigen Wort. B versucht das Wort zu erraten und sucht dieses Wort im Text. Dann liest B von dieser Stelle aus weiter, stoppt wieder vor einem wichtigen Wort usw.

c A liest einen Abschnitt vor. Danach wählt B ein Wort aus diesem Abschnitt aus. A muss dieses Wort erklären oder ein ähnliches Wort nennen. Wechselt nach jedem Abschnitt die Rollen.

## 4 Über den Text nachdenken

a Lest den Text gemeinsam halblaut durch. Besprecht danach, welche besonderen Wörter im Text vorkommen, was euch an dem Text gefällt und was ihr verändern würdet.

b Lest den Text leise durch. Stellt einander je 3 Fragen zum Text, die ihr euch gegenseitig beantwortet.

c Lest den Text leise durch. Legt den Text nachher beiseite. Fasst gemeinsam die Geschichte zusammen. Sagt dazu abwechslungsweise immer nur einen Satz.

# Einen Text zu dritt selbstständig lesen

Lesetext

Für diese Trainingsvorschläge braucht ihr einen Text, der höchstens eine Seite lang ist. Wenn euer Text länger ist, unterteilt ihr ihn zuerst in Portionen.

Macht ab, wer die Rolle von A, wer die Rolle von B und wer die Rolle von C übernimmt.

Wählt aus den 4 Vorschlägen je eine Übung. Wenn ihr bei einer Übung den Text abschnittweise bearbeiten müsst, könnt ihr auch 2 bis 3 kurze Abschnitte zu einem Abschnitt zusammenfassen.

**1 Sich auf den Text einstimmen**

a Verteilt die Wörter **der**, **die** und **das**. Überfliegt den Text und zählt, wie oft euer Wort vorkommt.

b Sucht gemeinsam alle Stellen mit **ein**, **eine** oder **einen**. Lest jeweils das Wort, das dazugehört. Vermutet danach, was im Text stehen könnte.

c A liest irgendeine Textstelle. B und C haben die Augen geschlossen und hören zu. Plötzlich stoppt A mit Lesen. Findet B oder C diese Stelle schneller? Wechselt dann die Rollen. Lest so lange, bis alle zweimal irgendeine Textstelle gelesen haben.

**2 Den Text lesen**

a Lest den Text so, dass alle abwechslungsweise einen Satz halblaut lesen. Dabei darf niemand den Text berühren.

b Lest den Text gemeinsam halblaut durch, so dass man jeden Laut hört.

c Lest den Text gemeinsam. Achtet darauf, dass alle das Tempo mithalten können. Versucht gemeinsam leiser oder etwas lauter, schneller oder langsamer zu lesen.

d Lest abwechslungsweise einen Satz. Hängt an jedes Wort die Silbe **-la** an.

## 3 Den Text verstehen

a A liest einen Satz vor. B wiederholt ihn halblaut, C wiederholt ihn ganz leise und auswendig. Wechselt nach ein paar Sätzen die Rollen.

b A liest, die anderen hören zu. A stoppt mitten in einem Satz. B und C raten, wie das nächste Wort heissen könnte. Dann liest A weiter. Wechselt nach jedem Abschnitt die Rollen.

c Legt je zwei kleine Dinge auf den Text. Versucht dann, den Text trotz dieser Hindernisse gemeinsam halblaut zu lesen.

## 4 Über den Text nachdenken

a A schliesst die Augen. B und C sitzen links und rechts neben A und lesen den Text in je unterschiedlichem Tempo halblaut durch. Kann A den Text trotzdem verstehen? Tauchen beim «Stereo-Zuhören» neue Gedanken auf? Wiederholt die Übung noch zweimal, damit alle einmal in der Mitte zuhören können. Besprecht zum Schluss, welche neuen Gedanken zur Geschichte aufgetaucht sind.

b A liest einen Abschnitt halblaut vor. Danach stellt B eine Frage zu diesem Abschnitt und C beantwortet sie. Wechselt nach jedem Abschnitt die Rollen.

c Lest den Text leise für euch durch. Besprecht danach, welche Stellen euch besonders gut gefallen und warum sie euch gut gefallen.

# Trainingsziele Schreiben

| Eigenständigkeit | Üben und überprüfen |
|---|---|
| 1 Ich finde Ideen für einen eigenen Text. | Seite 36 |
| 2 Ich finde Argumente und Fragen. | Seite 37 |

| Partnerinnen- und Partnerorientierung | Üben und überprüfen |
|---|---|
| 3 Ich erkenne bei der Überarbeitung, wo mein Text für die Leser und Leserinnen noch unklar sein könnte. | Seite 38 |
| 4 Ich versetze mich beim Schreiben in andere Personen. | Seite 39 |
| 5 Ich verstehe Rückmeldungen und schreibe selber faire Rückmeldungen. | Seite 40 |

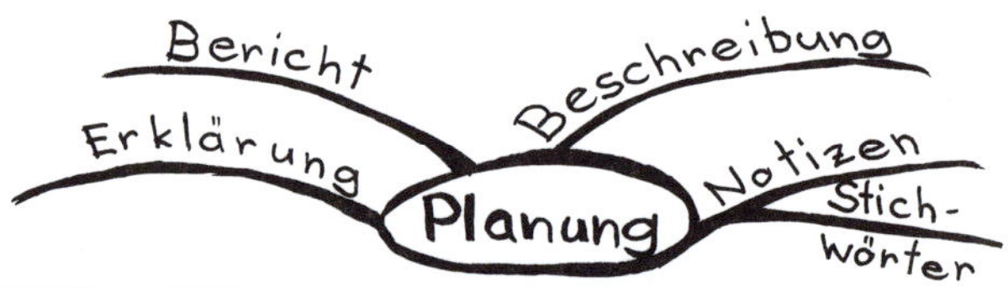


| Textsortenkenntnis | Üben und überprüfen |
|---|---|
| 6 Ich notiere wichtige Stichwörter und verfasse damit eine Zusammenfassung. | Seite 41 |
| 7 Ich verfasse Beschreibungen genau und mit allen wichtigen Einzelheiten. | Seite 42 |
| 8 Ich verfasse Berichte sachlich und inhaltlich korrekt. | Seite 43 |
| 9 Ich verfasse Erklärungen genau und verständlich. | Seite 44 |
| 10 Ich schreibe Geschichten spannend und interessant. | Karte 71, 72 |

| Textaufbau | | Üben und überprüfen |
|---|---|---|
| 11 | Ich plane meinen Text mit Hilfe von Stichwörtern. | Seite 46 |
| 12 | Ich unterteile meine Texte in Einleitung, Hauptteil und Schluss. | Karte 80–82 |
| 13 | Ich formuliere ansprechende Anfangs- und Schlusssätze. | Seite 47 |

| Stilmittel | | Üben und überprüfen |
|---|---|---|
| 14 | Ich beschreibe passende Stellen in einem Text ausführlich. | Seite 48 |
| 15 | Ich schreibe passende Stellen in einem Text spannend. | Seite 49 |

| Wortwahl | | Üben und überprüfen |
|---|---|---|
| 16 | Ich verwende treffende Wörter und korrekte Fachbegriffe. | Seite 50, 51 |

| Textgestaltung | | Üben und überprüfen |
|---|---|---|
| 17 | Ich schreibe in gut lesbarer Schrift und gestalte meine Texte sorgfältig. | Karte 96–99 |

Übung 1

# Eigene Ideen entwickeln

Notizzettel · Karte 47 bis 55

1. Schreibe ein Adjektiv, das ein Gefühl beschreibt, in die Mitte eines Notizzettels. Schreibe rundherum Wörter, die dazu passen und Antworten auf folgende Fragen geben:
   - Wer fühlt sich so? Warum?
   - Wie kam es dazu? Was geschieht dann?
   - Wer oder was spielt auch noch eine Rolle?
2. Schreibe einen Text über dieses Gefühl und benutze dazu möglichst viele der Wörter auf dem Notizzettel.

Du kannst die Übung wiederholen, indem du ein anderes Adjektiv wählst.

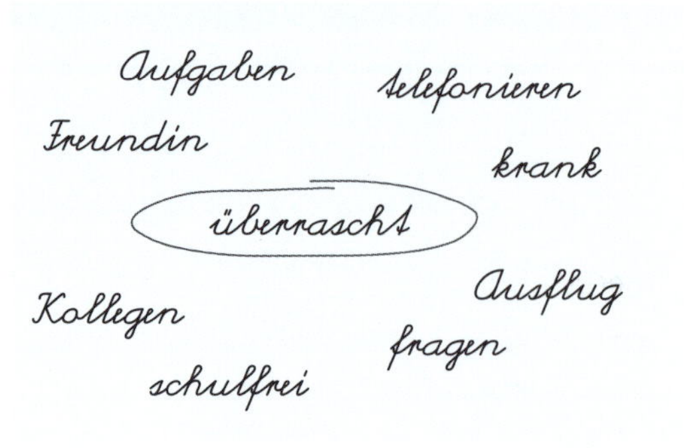


**Adjektive**

überrascht · erfreut · beleidigt · verängstigt

Übung 2

Karte 47 bis 55

1. Wähle ein Bild und überlege Antworten auf folgende Fragen:
   - Wer könnte an diesem Ort sein?
   - Was tut diese Figur oder was tun diese Figuren?
   - Was könnte dabei geschehen? Welches Ereignis oder welches Problem könnte auftreten?
   - Wer reagiert wie?
   - Was geschieht am Schluss?
2. Schreibe mit Hilfe deiner Ideen eine Geschichte.

Du kannst die Übung wiederholen, indem du einen anderen Ort wählst.

Übung 1

## Argumente finden

Karte 56

Eine Schulklasse plant einen Ausflug. Es sind viele Ideen vorhanden:

- Flossbau
- Besuch Freilichtmuseum
- Gletscherwanderung
- Besuch Seilpark
- Besichtigung Schuhfabrik
- Velotour

| Idee | pro (für) | kontra (dagegen) |
| --- | --- | --- |
| Flossbau | - ist für viele neu<br>- ist aufregend<br>- ..... | - dauert zu lange<br>- nicht so toll bei Regenwetter<br>- ..... |
| Freilichtmuseum | - verschiedene Workshopangebote<br>- gut zu erreichen<br>- ..... | - nicht so speziell<br>- war ich schon mal<br>- ..... |

1. Falte ein Blatt in 3 Spalten und beschrifte die Spalten wie im Beispiel.
2. Suche für mindestens 2 Ideen Argumente, die für (pro) oder gegen (kontra) diese Idee sprechen.
   Notiere die Argumente in den entsprechenden Spalten.

Du kannst die Übung wiederholen, indem du eine andere Ausflugsidee wählst.

Übung 2

Karte 56

Wähle ein Thema und schreibe mindestens 4 Weil-Sätze, die zeigen, warum du dafür oder dagegen bist.

Du kannst die Übung wiederholen, indem du ein anderes Thema wählst.

Wer Abfall auf die Strasse wirft, soll bestraft werden.

Es ist sinnvoll, dass es Hausaufgaben gibt.

Im Klassenlager dürfen die Handys nur zwischen sieben und acht Uhr morgens eingeschaltet werden.

*Wer Abfall auf die Strasse wirft, soll bestraft werden,*
*- weil sonst immer mehr Abfall auf der Strasse liegt.*
*- weil ...*

Übung 1

## Unklare Textstellen erkennen

Lösungsblatt Zusatzübung 1 Karte 57, 58

1. Wähle einen der beiden Texte und lies ihn. Überlege, was unklar bleibt.
2. Denk dir aus, was genau gemeint sein könnte. Schreibe den Text so um, dass es keine Unklarheiten mehr gibt.
3. Vergleiche deine Arbeit mit den Vorschlägen auf dem Lösungsblatt.

Du kannst die Übung wiederholen mit der Zusatzübung 1.

### Text 1

Ich hatte gesagt, dass ich zuerst noch schauen wollte, bevor ich es wagte. Als ich sah, dass es nicht so schlimm war, hatte ich keine grosse Angst mehr. Bevor es losging, fühlte ich nur noch ein feines Kribbeln im Bauch.

### Text 2

Ein Junge hatte einen Plan. Dazu musste er Geld verdienen. Nach sechs Monaten hatte er 300 Franken. Das reichte noch nicht und die Zeit wurde knapp. Was sollte er jetzt tun?

Übung 2

Wörterbuch, Lösungsblatt Zusatzübung 2 Karte 57, 58

1. Wähle einen der beiden Texte und lies ihn. Das unterstrichene Wort ist ein Fremdwort. Schlage dieses Wort im Wörterbuch nach.
2. Schreibe den Text so um, dass das Wort erklärt wird und der Text gut verständlich ist. Vielleicht braucht es dazu auch eine Zeichnung.
3. Vergleiche deine Arbeit mit den Vorschlägen auf dem Lösungsblatt.

Du kannst die Übung wiederholen mit der Zusatzübung 2.

### Lexikoneintrag

Die City ist jener Teil der Stadt, in dem viel los ist. Rundherum führt der Cityring. Es gibt ein Citywarenhaus, weitere Einkaufsmöglichkeiten und Restaurants. Viele Dienstleistungsbetriebe und Arbeitsplätze liegen nahe beisammen. Wohnungen gibt es in der City immer weniger.

### Anleitung

Zeichne ein rechtwinkliges Dreieck. Schneide es aus und klebe es auf ein neues Blatt Papier. Die Hypotenuse soll dabei waagrecht etwas über der Mitte des neuen Blattes liegen. Zeichne von der Hypotenuse weg mehrere verschieden lange senkrechte Linien gegen unten und hänge an jede Linie einen Buchstaben deines Vornamens an.

Übung 1

## Sich in andere Personen hineinversetzen

Karte 59 bis 61

1. Schaut das Bild an und besprecht:
   - Welche Personen sind zu erkennen?
   - Was tun sie?
   - Was sagen sie, wenn sie sich begegnen?
   - Was denken sie?
2. Die Personen auf diesem Bild schreiben am Abend in ihr Tagebuch, was sie am Nachmittag im Park erlebt haben. Wählt je eine andere Person aus und schreibt den Tagebucheintrag aus der Sicht dieser Person.
3. Lest und besprecht eure Tagebucheinträge. Passt der Text zur gewählten Person? Was könnte noch ergänzt werden? Überarbeitet eure Texte.

Du kannst die Übung wiederholen, indem du eine andere Person wählst.

Übung 2

zwei Farbstifte  Karte 59 bis 61

1. Menschen denken oft an ganz verschiedene Dinge, während sie etwas tun, zum Beispiel beim Warten vor einer roten Ampel, beim Busfahren, beim Einkaufen. Bestimme einen Ort und eine Person.
2. Schreibe 8 Sätze darüber, was diese Person tut und was sie dabei denkt oder fühlt.
3. Unterstreiche mit einer Farbe, was die Person tut, und mit einer anderen Farbe, was die Person denkt oder fühlt.

Du kannst die Übung wiederholen, indem du eine andere Situation wählst.

*Beim Einkaufen*
*Herr Blaser sucht im Tiefkühlregal nach Erbsen und über-*
*legt, dass er auch noch Petersilie kaufen will. Nachher*
*schiebt er seinen Einkaufswagen zum Früchtestand ...*

Übung 1

## Rückmeldungen verstehen und schreiben

Karte 62 bis 64

1. Simone hat von ihrer Lehrerin eine schriftliche Rückmeldung erhalten. Darin macht die Lehrerin auch Hinweise zu 3 Punkten, die Simone in der nächsten Woche verbessern könnte. Lies die Rückmeldung.
2. Wähle einen Punkt aus und schreibe eine Empfehlung für Simone. Gib Simone einige Tipps, wie sie diesen Punkt verändern könnte.

Du kannst die Übung wiederholen, indem du einen anderen Punkt wählst.

Liebe Simone
In der letzten Woche hast du viel geleistet und bereits einiges aufgeholt, was du während deiner langen Krankheit verpasst hast. Besonders beeindruckt hat mich deine Fantasie, die sich in der Diskussion zum Schulreiseziel, in deiner selbst erfundenen Sage und im Zeichnen sehr deutlich gezeigt hat.
Folgende Punkte könntest du in der nächsten Woche besonders beachten:

1. Du redest im Unterricht immer noch viel zu viel mit deiner Banknachbarin und störst sie und die Klasse damit. Du solltest nach unserem Gespräch andere Wege kennen, um Antworten auf deine Fragen zu finden.
2. Du bist in den Sportstunden sehr ehrgeizig. Daher wolltest du auf keinen Fall Spielerinnen und Spieler in deine Mannschaft aufnehmen, die beim Brennball nicht stark sind. Dies ist für die Betroffenen sehr unangenehm.
3. Deine Schrift und deine Darstellung im Heft lassen noch zu wünschen übrig. Du verwendest wahllos verschiedene Schreibstifte und die Titel sind oft nicht als solche zu erkennen.

Freundliche Grüsse
E. Baltensberger

Übung 2

Karte 62 bis 64

1. Denke über dein Verhalten oder deine Leistungen in der letzten Woche nach.
2. Schreibe eine Rückmeldung an dich selber. Beschreibe positive Erlebnisse und erkläre, was du anders machen könntest. Achte darauf, dass deine Satzanfänge abwechslungsreich sind.

**Satzanfänge**

| | |
|---|---|
| Mir ist klar geworden … | Ich finde, ich habe … |
| Zu kurz gekommen ist … | Ich habe gemerkt, dass … |
| Gerne hätte ich … | Besser verstehe ich jetzt … |
| Mir hat gefehlt, dass … | Ich frage mich, ob … |
| Nächstes Mal werde ich … | |

Du kannst die Übung wiederholen, indem du andere Satzanfänge wählst.

Übung 1

## Stichwörter finden und Notizen machen

Karte 65 bis 70

1. Erinnert euch an ein Sachthema aus dem vergangenen Schulquartal und schreibt es beide auf. Was wisst ihr noch zu diesem Thema?
2. Notiert je einzeln mindestens 10 Stichwörter zu diesem Thema. Stichwörter können aus einem oder mehreren Wörtern bestehen.
3. Lest einander die Stichwörter vor und besprecht:
   - Sind die Stichwörter so gewählt, dass dem anderen sofort Sätze dazu einfallen?
   - Sind die Stichwörter trotzdem ganz knapp formuliert?

Du kannst die Übung wiederholen, indem du ein anderes Sachthema wählst.

Übung 2

Ballon, Trichter, Reiskörner, Wollpullover, Buch Arbeitstechniken | Zusatzübung 3 | Karte 65 bis 70

1. Lies die Anleitung und führe das Experiment durch.
2. Mache Notizen zum Experiment, damit du dich später daran erinnern kannst. Achte besonders darauf, dass du kurze Notizen machst, aber alle wichtigen Schritte notierst. Vielleicht sind auch Skizzen hilfreich.
   Arbeitstechnik 4 A «Kurze Notizen machen»

Du kannst die Übung wiederholen mit der Zusatzübung 3.

### Experiment

| **Material** | **Durchführung** |
|---|---|
| 1 Ballon<br>1 Trichter<br>einige trockene Reiskörner<br>Wollpullover | Fülle mit Hilfe des Trichters einige Reiskörner in den Ballon.<br>Blase den Ballon auf und verknote ihn.<br>Lege einige Reiskörner auf den Tisch.<br>Reibe den Ballon einige Male kräftig an einem Wollpullover.<br>Halte den Ballon knapp über die Reiskörner. |

Übung 1

# Eine Beschreibung verfassen

Karte 73, 74

Wähle eine Person aus dem Bild aus und beschreibe genau:

- Wo ist diese Person?
- Wie sieht sie aus?
- Was tut sie?
- Was sieht sie?
- Was hört sie?
- Wie könnte sie sich fühlen?

Du kannst die Übung wiederholen, indem du eine andere Person wählst.

Übung 2

Karte 73, 74

1. Wähle einen Ort oder Raum auf dem Schulgelände. Beschreibe genau, wie man von deinem Klassenzimmer dorthin gelangen kann und was unterwegs zu sehen, zu hören oder zu riechen ist. Vielleicht ist auch eine einfache Skizze hilfreich.
2. Überarbeite den Text und achte dabei auf unterschiedliche Satzanfänge.

Du kannst die Übung wiederholen, indem du einen anderen Ort wählst.

Übung

# Einen Bericht verfassen

zwei Farbstifte  Karte 75 bis 78

1. Wähle eine Situation aus. Schreibe einen Bericht und schildere, was passiert ist. Wie kam es zu dieser Situation? Was geschieht dann?
2. Überarbeite deinen Bericht. Unterstreiche alle Tatsachen mit einer Farbe. Unterstreiche alle Gefühle und Vermutungen mit einer anderen Farbe.

Du kannst die Übung wiederholen, indem du eine andere Situation wählst.

Auf dem Schulweg

Samstagnachmittag

Kein Zurück mehr

Zeichenstunde

Übung 1

# Erklärungen finden

Karte 79

1. Lies die Fragen und suche die passenden Erklärungen.
2. Wähle eine Frage aus, zu der die Erklärung noch fehlt. Schreibe die Frage und eine Erklärung auf.

Du kannst die Übung wiederholen, indem du eine andere Frage wählst.

**Fragen**

1 Wie spielt man dieses Spiel?

2 Warum sind Mäuse graubraun?

3 Wer war als erster Mensch im Weltraum?

4 Was bedeutet das Wort Hypothese?

5 Was ist Hunger?

6 Was heisst Mobbing?

7 Was muss man machen, wenn man eine Musikband gründen will?

8 Was bedeutet für dich das Schweizerkreuz?

9 Wie kann man das Alter eines Baumes feststellen, nachdem er gefällt worden ist?

10 Wie findet man den richtigen Beruf?

11 Was machst du, wenn du heute krank wirst?

**Erklärungen**

a Wenn ich in den Ferien im Ausland ein Auto mit einer Schweizer Nummer sehe, bekomme ich immer ein bisschen Heimweh. Das weisse Kreuz auf rotem Hintergrund erinnert mich an zuhause, denn eigentlich fahre ich gar nicht gerne weg.

b Der erste Raumfahrer war Jurij Gagarin, Bürger der ehemaligen Sowjetunion. Am 12. April 1961 kreiste er mit seiner Raumkapsel einmal um die Erde. 108 Minuten nach dem Start landete er mit dem Fallschirm wieder auf der Erde.

c Das Wort bedeutet «Annahme». Bevor du ein Experiment oder eine Untersuchung durchführst, überlegst du, was das Ergebnis sein könnte. Du nimmst zum Beispiel an, dass in einer halben Stunde mehr als 50 Autos am Schulhaus vorbeifahren werden. Erst wenn du die Autos gezählt hast, weisst du, ob deine Annahme stimmt.

d Man setzt abwechslungsweise 9 Spielsteine und versucht die Steine der anderen Farbe einzuschliessen. Danach darf man mit den eigenen Steinen ziehen. Wer zuerst keinen Stein mehr bewegen kann, hat verloren.

e Man muss herausfinden, was einen interessiert, wo man seine Stärken hat. Beim Berufsinformationszentrum kann man sich beraten lassen. Dort findet man auch sehr viele Informationen über Berufe. Schnupperlehren sind auch sehr hilfreich.

Übung 2

Karte 79

Wähle eine Redewendung aus, die du kennst, und erkläre mit einem Beispiel, was sie bedeutet.

Du kannst die Übung wiederholen, indem du eine andere Redewendung wählst.

**Redewendungen**

- jemanden vor den Kopf stossen
- jemanden auf den Arm nehmen
- im siebten Himmel sein
- auf der faulen Haut liegen
- ein Brett vor dem Kopf haben
- sich die Finger verbrennen
- jemanden Löcher in den Bauch fragen

*„Jemanden vor den Kopf stossen" sagt man, wenn man jemanden beleidigt, der das in einer bestimmten Situation überhaupt nicht erwartet. Wenn mir zum Beispiel meine Nachbarin freundlich einen Apfel geben will, den sie gerade frisch vom Baum gepflückt hat und ich sage: „Nein danke. Ihre Äpfel haben sicher Würmer", dann stosse ich sie vor den Kopf.*

Übung 3

Lexikon oder Internet    Karte 79

1. Diese Fachbegriffe kennt man, wenn man das betreffende Hobby ausübt. Wähle entweder einen dieser Fachbegriffe aus oder suche selber einen Fachbegriff, der zu deinem Hobby passt und den andere Leute kaum kennen.
2. Schreibe eine Erklärung, in der für alle verständlich wird, was das Wort bedeutet. Benutze dazu bei Bedarf ein Lexikon oder das Internet.

Du kannst die Übung wiederholen, indem du einen anderen Fachbegriff wählst.

**Fachbegriffe**

| | |
|---|---|
| Brackwasser | Drilldauer |
| Chaps | Trommelsucht |
| Feumer | Schonzeit |
| Paternoster | Brunft |
| Fliegenrute | Gerte |

Übung

# Den Aufbau eines Textes planen

Karte 80 bis 82

1. Wähle einen Titel aus und plane eine passende Geschichte.
2. Erstelle eine Tabelle. Schreibe die linke Spalte ab und notiere deine Ideen zur Geschichte in Stichwörtern in die rechte Spalte.

Du kannst die Übung wiederholen, indem du einen anderen Titel wählst.

**Titel für Geschichten**

- Seltsame Geschehnisse im Garten
- Plötzlich war sie verschwunden
- Das Missgeschick
- Die Überraschung
- Als ich einmal winzig klein war
- Das Geheimnis von Rosas Schlüssel
- Die Geschichte hinter der Stalltüre
- Das Erlebnis im Tannenwald

| | |
|---|---|
| Titel | Seltsame Geschehnisse im Garten |
| Wo spielt die Geschichte?<br>Wie sieht dieser Schauplatz genau aus? | alter Park, viele hohe Bäume, Zaun mit schönem Tor, abends geschlossen |
| Welche Figuren kommen vor? | Tante Frieda, Antonia |
| Zu welcher Tageszeit spielt die Geschichte? | Nacht, Mond scheint, Park geschlossen |
| Wie fängt die Geschichte an? | Nachmittag, Eintritt bezahlt, geschlafen unter Baum |
| Was geschieht?<br>(besonderes oder überraschendes oder schlimmes Ereignis) | |
| Welche Folgen hat das besondere, unerwartete oder schlimme Ereignis? | |
| Wie endet die Geschichte? | |

Übung 1

# Anfangs- und Schlusssätze finden

Karte 83, 84

Auf dem Bild sind mehrere Personen zu sehen. Alle haben bereits viel erlebt, bis es zu dieser Szene gekommen ist. Wähle eine Person und überlege, wie ihr Tag begonnen hat. Schreibe den Anfang dieses Textes auf.

Du kannst die Übung wiederholen, indem du eine andere Person wählst.

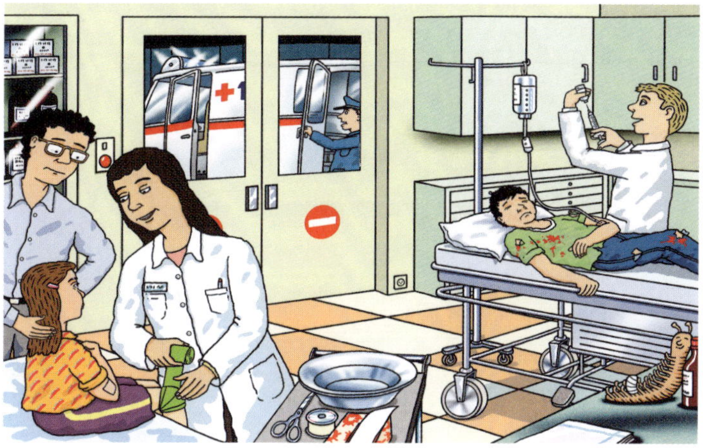

*Als Joaquim am Morgen erwachte, spürte er bereits, dass ihm ein besonderer Tag bevorstand. Nicht nur, weil er anstelle seiner Frau Nathalie in die Kinderkrippe bringen musste, nein, auch weil heute das erste Mal sein neues Auto zum Einsatz kam. Allerdings ahnte er nicht, welche Rolle dieses Auto noch spielen würde.*

Übung 2

Lesebuch, Zettel | Karte 83, 84

1. Sucht einzeln in eurem Lesebuch 2 Anfangssätze und 2 Schlusssätze, die ihr gut gelungen findet. Schreibt die Sätze je auf einen Zettel ab.
2. Tauscht eure Zettel und ordnet die Sätze nach Anfangssätzen und Schlusssätzen. Schreibt eure Vermutung zu jedem Satz. Schreibt auch mindestens je eine Begründung dazu.
3. Besprecht eure Vermutungen.

*Er hätte noch lange zuhören können.*

*Ich vermute, dass das ein Schlusssatz ist, weil in der Geschichte vorher wahrscheinlich beschrieben wird, wer dieser „er" ist und warum sich das Zuhören lohnt. Ausserdem hat er ja schon zugehört, weil es heisst „noch lange".*

Du kannst die Übung wiederholen, indem du andere Anfangs- und Schlusssätze wählst.

Übung 1

# Ausführlich schreiben

Zusatzübung 4 Karte 85 bis 87

Schreibe den Text ab und baue wie im Beispiel mindestens 5 Erweiterungen ein.
W-Fragen helfen dir dabei:

| | |
|---|---|
| **Warum?** | **Wie?** |
| **Wann?** | **Woher?** |
| **Wohin?** | **Womit?** |

Du kannst die Übung wiederholen mit der Zusatzübung 4.

In den Sommerferien machte unsere Familie eine Velotour. Wir hatten zwei kleine Zelte dabei, die wir jeden Abend auf einem anderen Zeltplatz aufstellten. Den ersten Abend verbrachten wir auf einem Zeltplatz direkt an einem Fluss.

Frau Bunjaku fährt *bei fast jedem Wetter* mit ihrem *alten* *Renn*~~Fahr~~rad *ins Nachbardorf* zu Familie Grüninger. Dort putzt sie jeden Donnerstag *die ganze Wohnung* und kocht ein *einfaches* Mittagessen für die *drei* Kinder, da Frau Grüninger erst um 13 Uhr *von der Arbeit* nach Hause kommt.

Übung 2

Zusatzübung 5 Karte 85 bis 87

Schreibe den Text im grauen Feld ab und füge an den mit * markierten Stellen eine passende direkte Rede ein wie im Beispiel. Wenn nötig kannst du auch noch weitere Sätze einfügen.

Du kannst die Übung wiederholen mit der Zusatzübung 5.

Rhea sass mit ihrer kleinen Schwester vor dem Fernseher. * Plötzlich erlosch das Bild und auch das Licht ging aus. * Rhea stand auf und drückte auf den Lichtschalter. Nichts geschah. *

Mario füttert seine Meerschweinchen und bringt ihnen frisches Wasser. *„Ausmisten sollte ich auch mal wieder", sagt er zu sich selbst.* Da ruft seine Mutter, weil Mario am Telefon verlangt wird. Mario geht in die Wohnung zurück *und denkt dabei: „Hoffentlich ist nicht wieder Timo am Apparat."* Er geht in sein Zimmer, weil er da ungestört telefonieren kann.

Übung

# Spannend schreiben

A3-Blatt Zusatzübung 6, 7 Karte 88 bis 90

1. Falte ein A3-Blatt im Querformat in 4 Spalten. Beschrifte die Spalten mit **Einleitung**, **Hauptteil**, **Höhepunkt** und **Schluss**.
2. Schau die Bildergeschichte genau an und trage in die Spalten Notizen zur Geschichte ein. Überlege zuerst, was der Höhepunkt der Geschichte ist.
3. Schreibe den Text mit Hilfe deiner Notizen auf. Achte darauf, dass die Einleitung und der Hauptteil ganz genau beschrieben sind. Beschreibe auch, was die Figuren denken und fühlen.
4. Formuliere den Höhepunkt spannend und wähle dazu passende Wörter.
5. Der Schluss kann kurz sein. Beschreibe, wie sich die Situation löst oder entspannt.

Du kannst die Übung wiederholen mit den Zusatzübungen 6 und 7.

1

2

3

4

5

| **Einleitung** | **Hauptteil** | **Höhepunkt** | **Schluss** |
|---|---|---|---|
| Beschreibe die Situation, den Ort, die Figuren genau.<br>(Notizen zu Bild 1) | Schreibe genau, was geschieht.<br>(Notizen zu Bild 2)<br><br>Schreibe, was weiter geschieht, und begründe warum.<br>(Notizen zu Bild 3) | Schreibe, was plötzlich oder überraschenderweise geschieht.<br>(Notizen zu Bild 4 und 5) | Beschreibe kurz, wie die Situation jetzt ist, wie sich das Problem wieder löst.<br>(Notizen zu was nach Bild 5 geschieht) |

Übung 1

# Den Wortschatz erweitern (1)

Wörterbuch Karte 91 bis 95, 155, 156, 176, 185

Memo 3

1. Wähle 2 Wörter. Diese Wörter sind auch Wortstämme. Suche die beiden Wörter im Wörterbuch. Schreibe zu jedem Wort alle Wörter oder – wenn es viele Wörter gibt – mindestens 7 Wörter auf, die mit diesem Wortstamm beginnen.
2. Schreibe 5 Sätze, in denen einige dieser Wörter vorkommen.

Du kannst die Übung wiederholen, indem du andere Wörter wählst.

| | |
|---|---|
| GOLD | TAT |
| HIMMEL | WILD |
| MITTE(L) | BEREIT |
| VOLL | LAUT |

Übung 2

Wörterbuch Karte 91 bis 95, 155, 156, 176, 185

Wähle eine Anleitung und befolge sie. Wenn du kein passendes Wort findest, schlage das Wörterbuch auf einer anderen Seite auf.

Du kannst die Übung wiederholen, indem du eine andere Anleitung wählst.

Memo 9
Memo 11

**Anleitung 1**

1. Schlage das Wörterbuch zehnmal irgendwo auf. Wähle auf jeder Doppelseite ein Nomen aus und schreibe es auf.
2. Schreibe zu jedem Nomen mindestens 3 passende Adjektive.

*das Bügeleisen: heiss, teuer, neu*

Memo 7

**Anleitung 2**

1. Schlage das Wörterbuch zehnmal irgendwo auf. Wähle auf jeder Doppelseite ein Verb aus, das du mit Vorsilben verändern kannst.
2. Schreibe das Verb und mindestens 2 veränderte Verben auf.

*bringen: verbringen, aufbringen, abbringen*

*loben: verloben, geloben*

Memo 11

**Anleitung 3**

1. Schlage das Wörterbuch zehnmal irgendwo auf. Wähle auf jeder Doppelseite ein Adjektiv aus und schreibe es auf.
2. Schreibe zu jedem Adjektiv ein Adjektiv, welches das Gleiche oder etwas Ähnliches bedeutet, und ein Adjektiv, welches das Gegenteil bedeutet.

*brutal: Brutal bedeutet das Gleiche wie gewalttätig und ist das Gegenteil von sanft.*

Übung 1

## Den Wortschatz erweitern (2)

Zusatzübung 8, 9 Karte 91 bis 95, 155, 156, 176, 185

Suche immer 3 Wörter, die das Gleiche oder etwas Ähnliches bedeuten. Schreibe diese 3 Wörter auf eine Zeile.

*ahnen, annehmen, vermuten*

Du kannst die Übung wiederholen mit den Zusatzübungen 8 und 9.

| | | | | |
|---|---|---|---|---|
| ahnen | beobachten | erschallen | ölen | tuscheln |
| anbinden | eilen | faulen | pressieren | vermuten |
| anmachen | einreiben | finden | ruinieren | vernichten |
| annehmen | entdecken | flüstern | schmieren | verwesen |
| aufspüren | erblicken | hasten | sehen | wispern |
| befestigen | erklingen | modern | tönen | zerstören |

Übung 2

Karte 91 bis 95, 155, 156, 176, 185

1. Wähle ein Thema und suche in der Wörterliste die 10 Wörter und Fachbegriffe, die zum Thema passen.
2. Erstelle ein Schaubild oder eine Skizze und schreibe das Bild mit den Wörtern und Fachbegriffen an.
3. Wenn du noch weitere passende Fachbegriffe kennst, schreibe sie dazu.

**Themen**

Computer | Pferd | Küche | Velo

Du kannst die Übung wiederholen, indem du ein anderes Thema wählst.

**Wörterliste**

| | | | | |
|---|---|---|---|---|
| Abfluss | Dokument | Huf | Pedal | Spaghettitopf |
| Akku | Dynamo | Kühlschrank | Ordner | Spülbecken |
| Backofen | Fell | Kruppe | Rahmen | Stick |
| Bauch | Fesseln | Lenker | Rücken | Tastatur |
| Bildschirm | Gehäuse | Mähne | Rückstrahler | Tisch |
| Bremse | Gepäckträger | Maul | Sattel | Topflappen |
| Brotmesser | Herd | Maus | Schutzblech | USB-Anschluss |
| CD-Laufwerk | Hinterbeine | Nüstern | Speiche | Vorratsschrank |

# Trainingsziele Hören und Sprechen

| Eigenständigkeit | | Üben und überprüfen |
|---|---|---|
| 1 | Ich finde eigene Ideen. | Seite 54, 55 |
| 2 | Ich bilde mir eine eigene Meinung. | Seite 56, 57 |
| 3 | Ich stelle mir beim Hören die Figuren und Situationen genau vor. | Seite 58, 59 |

| Partnerinnen- und Partnerorientierung | | Üben und überprüfen |
|---|---|---|
| 4 | Ich erkenne andere Standpunkte. | Seite 60, 61 |
| 5 | Ich erkenne Unklarheiten. | Seite 62 |
| 6 | Ich knüpfe an Beiträge anderer an. | Seite 63 |

| Textverständnis | | Üben und überprüfen |
|---|---|---|
| 7 | Ich verstehe Gehörtes im grossen Ganzen. | Seite 64, 65 |
| 8 | Ich höre und verstehe bestimmte Informationen. | Seite 66 |
| 9 | Ich verstehe etwas ganz genau. | Seite 67, 68 |
| 10 | Ich denke mit beim Hören. | Seite 69 |
| 11 | Ich verstehe Informationen auch unter erschwerten Bedingungen. | Seite 70 |
| 12 | Ich verstehe Anleitungen. | Seite 71 |

Meinung
Einleitung
Beispiel
Erklärung

Er fiel vom Pferd, als er über die Wiese ritt.
Är isch vom Ross abe gfalle, wo-n-är über d Matte gritte-n-isch.

Am Abend lag der Aal im Saal
Pscht!
Immer schneller: Specktopf, Salatbesteck, Specktopf, Salatbesteck, Specktopf...
Ha, ha, Aua! Grrr!

Übung 1

# Eigene Ideen entwickeln

und

CD 1, Track 1 Zusatzübung 1 Karte 100 bis 102

1. **Track 1** Höre den Text «Grüne Äpfel» und zähle mit, wie oft die Wörter **Apfel** oder **Äpfel** vorkommen.
2. **Track 1** Höre den Text nochmals und merke dir alle Wörter, in denen das Wort **Apfel** Teil eines zusammengesetzten Wortes ist, wie zum Beispiel in Apfelbaum. Schreibe nach dem Zuhören möglichst viele dieser Apfelwörter auf.
3. Der Autor Max Huwyler hat den Text «Grüne Äpfel» aus einem bestimmten Grund geschrieben. Was meinst du, welches Thema wurde ihm vorgegeben? Suche Begründungen, die für oder gegen jedes der 4 unten aufgeführten Themen sprechen. Schreibe die Begründungen in einer Tabelle auf.
4. Besprecht und ergänzt eure Begründungen.

Du kannst die Übung wiederholen mit der Zusatzübung 1.

**Themen**

Herbstfrüchte

Redewendungen

Wachsen und reifen

Vertreibung aus dem Paradies

| Thema | Argumente für das Thema | Argumente gegen das Thema |
|---|---|---|
| Herbstfrüchte | Apfel ist Herbstfrucht | Herbst kommt im Text nie vor |
| Redewendungen | | |
| | | |

## Übung 2

Schülerduden · CD 1, Track 2 und 3 · Zusatzübung 2 · Karte 100 bis 102

1. Suche im Schülerduden die Wörter **Magie** und **Menagerie** und lies die Erklärungen dazu. Erstelle eine Tabelle mit 2 Spalten und schreibe die beiden Wörter als Titel je in eine Spalte.

| Magie | Menagerie |
|---|---|
| // | Katze |
| ... | |

2. Track 2 Höre die Geschichte von Jürg Schubiger und mache jedes Mal, wenn das Wort **Magie** vorkommt, einen Strich in die entsprechende Spalte. In die Spalte **Menagerie** schreibst du alle Tiere, die im Text vorkommen.

3. Welcher Schluss passt deiner Meinung nach zu dieser Geschichte? Erfinde einen fröhlichen, einen traurigen oder einen überraschenden Schluss. Mache Notizen zu deinem Schluss, damit du ihn jemandem erzählen kannst.

4. Track 3 Höre jetzt den Schluss der Geschichte an, so wie ihn Jürg Schubiger aufgeschrieben hat.

5. Vergleicht den Schluss der Geschichte von Jürg Schubiger mit euren Ideen für einen Schluss.

Du kannst die Übung wiederholen mit der Zusatzübung 2.

## Übung 3

Karte 100 bis 102

1. Wählt je einzeln einen Ort aus, an dem es viel zu hören gibt:

| | | | |
|---|---|---|---|
| **Strassenkreuzung** | **Sportstadion** | **Bahnhof** | **Wasserfall** |
| **Einkaufscenter** | **Zoo** | **Feuerstelle** | **Schwimmbad** |

2. Stellt euch vor, dass ihr mit eurer Klasse an diesem Ort seid. Was hört ihr? Notiert Stichwörter dazu.

3. Erzählt euch gegenseitig, was es an diesem Ort zu hören gibt, ohne den Ort zu verraten. Findet heraus, um welchen Ort es sich handelt.

Du kannst die Übung wiederholen, indem du einen anderen Ort wählst.

Übung 1

## Sich eine eigene Meinung bilden

A4-Blatt   CD 1, Track 4   Zusatzübung 3   Karte 103, 104

1. **Track 4** Leserinnen und Leser einer Kinderzeitschrift wurden gefragt: «Soll man Filme ansehen, deren Geschichte man schon gelesen hat?» Höre 6 Antworten auf diese Frage.
2. Nimm ein A4-Blatt und falte es dreimal, so dass 8 gleich grosse Teile entstehen. Schreibe in 6 Felder je den Namen eines Kindes.
3. **Track 4** Höre die Meinungen der Kinder nochmals. Notiere zu jedem Kind, ob es **dafür** oder **dagegen** ist, dass man sich Filme, zu denen man das Buch schon gelesen hat, auch ansieht, oder ob es **keine eindeutige Haltung** einnimmt.
4. **Track 4** Höre dir die Meinungen ein drittes Mal an und schreibe zu jedem Namen ein Stichwort auf, so dass du dich an die Meinung erinnern kannst.
5. Was denkst du über diese Frage? Schreibe deine persönliche Antwort in die letzten beiden Felder des A4-Blatts.

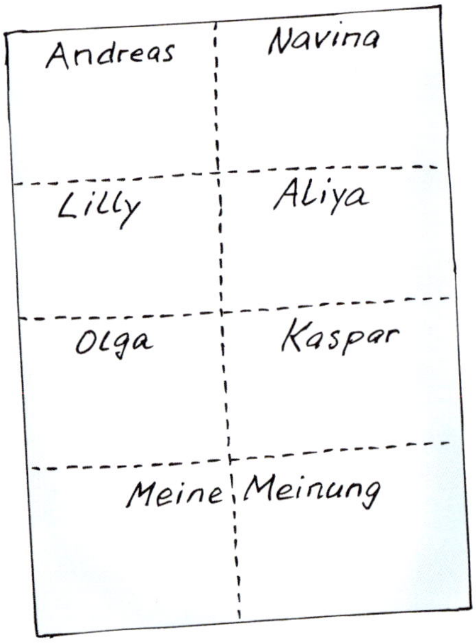


Du kannst die Übung wiederholen mit der Zusatzübung 3.

Übung 2

Zusatzübung 4   Karte 103, 104

Ein Freund erzählt dir, dass er gestern beim Einkaufen an der Kasse 20 Franken zu viel Wechselgeld erhalten hat. Er habe es sofort gemerkt, aber nichts gesagt. Jetzt hat er 20 Franken mehr Taschengeld und lädt dich zu einem Kinobesuch ein.

1. Was denkst du? Was gibst du ihm zur Antwort? Schreibe deine Antwort auf.
2. Besprecht eure Antworten und Gedanken.

Du kannst die Übung wiederholen mit der Zusatzübung 4.

Übung 3

CD 1, Track 5 und 6 Zusatzübung 5 Karte 103, 104

1. Welche Ängste kennt ihr? Redet zusammen darüber, wann ihr Angst habt und wann Angst nützlich sein kann.
2. Track 5 Hört einen Text zum Thema «Was wäre, wenn wir vor nichts und niemandem Angst hätten?».
3. Erstellt je einzeln eine Tabelle mit 2 Spalten. Beschriftet die Spalten mit **nützliche Ängste** und **unnütze Ängste**.

| nützliche Ängste | unnütze Ängste |
| --- | --- |
| | |

4. Track 5 Hört den Text nochmals. Welche Formen von Angst entdeckt ihr beim Zuhören? Schreibt eure Stichwörter in die passende Spalte.
5. Vergleicht eure Stichwörter. Besprecht, welche Ängste kleine Kinder lernen müssen. Schreibt dazu Stichwörter in die Spalten.
6. Track 6 Hört den Text zum Thema «Angst haben» nochmals. Er ist jetzt länger.
7. Besprecht, was ihr Neues erfahren habt.

Du kannst die Übung wiederholen mit der Zusatzübung 5.

Übung 4

und

Karte 103, 104

1. Überlege dir, was du ungerecht findest. Schreibe eine Liste.
2. Vergleicht und besprecht eure Listen.
3. Schreibt eine gemeinsame Liste und einigt euch dabei auf eine Rangfolge der Ungerechtigkeiten. Das Wichtigste und Ungerechteste kommt zuoberst auf die Liste.
4. Bereitet euch darauf vor, einer anderen Zweiergruppe eure Liste vorzustellen und eure Meinung zu begründen.

Das finden wir ungerecht

1. Der Regenwald wird abgeholzt.
2. …

Du kannst die Übung mit einer anderen Partnerin oder einem anderen Partner wiederholen.

Übung 1

## Sich eine Figur vorstellen

und

CD 1, Track 7 Zusatzübung 6 Karte 105

«So ein Mist, Teichmann ist bestimmt sauer», fluchte Lotte.

1. Woran denkst du, wenn du diesen Satz liest? Welche Bilder stellst du dir vor?
   - Was glaubst du, wie alt Lotte ist?
   - Wer könnte Teichmann sein?
   - In welcher Situation steckt Lotte?
2. **Track 7** Geschichten machen mehr Spass, wenn man die Personen vor sich sieht. Höre einen Ausschnitt aus dem Buch «Gefahr für Burg Bentheim». Stell dir die Hauptperson Lotte genau vor.
3. **Track 7** Höre den Text nochmals und stell dir vor, wie der Raum eingerichtet ist und wie Herr Teichmann aussieht.
4. Vergleicht eure Vorstellungen. Seht ihr die gleichen Dinge vor euch? Wo macht ihr Unterschiede? Was habt ihr euch noch gar nicht vorgestellt?

Du kannst die Übung wiederholen mit der Zusatzübung 6.

Übung 2

und

Zusatzübung 7 Karte 105

Plötzlich stand ein furchterregendes Tier vor ihm.

1. Lies den Satz. Wie sieht dieses Tier in deinen Gedanken aus?
2. Beschreibt euch gegenseitig eure Vorstellungen.
3. Schreibt beide mindestens 3 Sätze, in denen euer Tier genauer beschrieben wird.

Du kannst die Übung wiederholen mit der Zusatzübung 7.

Übung 3

und

CD 1, Track 8 Zusatzübung 8, 9 Karte 105

1. **Track 8** Höre einen Ausschnitt aus dem Buch «Die Sache mit Zwille». Stell dir genau vor, wie Florian sich fühlt, als der Wecker rasselt. Stell dir auch vor, wie Florians Zimmer aussieht.
2. **Track 8** Beim Hören oder Lesen von Geschichten macht man sich laufend Gedanken darüber, wie es weitergehen könnte. Höre den Text nochmals. Was wird Florian als Nächstes tun?
3. Besprecht, wie Florian sich fühlt und was er als Nächstes tun oder sagen könnte. Redet auch darüber, wie eure Vorstellungen entstanden sind.

Du kannst die Übung wiederholen mit den Zusatzübungen 8 und 9.

Übung 4

Zusatzübung 10 Karte 105

1. Rübezahl ist ein Berggeist aus dem Riesengebirge. Er lebt auf und unter der Erde. Er ist manchmal launisch, hilft den guten Menschen, rächt sich aber, wenn man ihn verspottet.
2. Wie stellst du dir Rübezahl vor? Wie sieht sein Gesicht aus? Wie sind seine Haare? Welche Kleider trägt er? Wie bewegt er sich? Wo lebt er?
3. Zeichne ein einfaches Bild von Rübezahl.

Du kannst die Übung wiederholen mit der Zusatzübung 10.

Übung 1

## Andere Standpunkte wahrnehmen

CD 1, Track 9 Zusatzübung 11 Karte 106, 107

Manchmal nehmen zwei Menschen dieselbe Sache ganz unterschiedlich wahr.

1. Besprecht die Illustration. Die beiden Mädchen reden von der gleichen Situation, haben aber unterschiedliche Gefühle.
2. **Track 9** Hört die Geschichte «Michael hat einen Freund». Welche 2 Personen sind nicht der gleichen Meinung?
3. Besprecht, welche Bedenken der Vater gegenüber Josef hat und warum Michael Josefs Freundschaft sucht.
4. **Track 9** Hört den Text nochmals und überlegt, warum dem Vater und warum Michael der jeweilige Standpunkt wichtig ist.
5. Besprecht eure Gedanken.

Du kannst die Übung wiederholen mit der Zusatzübung 11.

Übung 2

Karte 106, 107

1. Erfinde eine Situation, die 2 Figuren ganz unterschiedlich erleben. Wenn du keine Idee hast, kannst du mit den Beispielen arbeiten.
2. Zeichne zu beiden Figuren Gedanken- oder Sprechblasen und schreibe auf, was die Figuren denken oder sagen.

| Figur 1 | Situation/Handlung | Figur 2 |
|---|---|---|
| wedelnder Hund mit frisch ausgebuddeltem Knochen | verwüstetes Blumenbeet | erzürnter Mann |
| ängstliches Kind | Hund springt an Kind hoch | Hundebesitzerin, die sagt, dass der Hund nur spielen will |
| grosser, lächelnder Knabe | Berührung am Kopf | kleiner, erschrockener Knabe, der sich duckt |

Du kannst die Übung wiederholen, indem du ein anderes Beispiel wählst.

## Übung 3

und

CD 1, Track 10 · Zusatzübung 12 · Karte 106, 107

1. Mache dir Gedanken zu der Strasse, in der du wohnst. Wie sieht es dort aus? Was gefällt dir? Was findest du nicht gut?
2. Überlege, was andere Leute über deine Strasse denken. Was gefällt oder missfällt einer Autofahrerin, einem Vater mit einem Kinderwagen, einer alten Frau, einer Hundebesitzerin an deiner Strasse?
3. **Track 10** Höre, wie Dilay und Pascal aus Berlin die Strasse beschreiben, in der sie wohnen. Stell dir die Strasse vor.
4. **Track 10** Erstelle eine Tabelle mit 2 Spalten und beschrifte die Spalten mit den Namen der Kinder. Höre die Schilderungen der Strasse nochmals und notiere zu jeder Beschreibung Stichwörter.

| *Dilay* | *Pascal* |
|---|---|
| | |

5. **Track 10** Höre die Beschreibungen ein drittes Mal. Welche Dinge erwähnen beide Kinder? Wo unterscheiden sich die Schilderungen?
6. Vergleicht eure Notizen. Schreibt je mindestens 2 Sätze über Gemeinsamkeiten oder Unterschiede in den beiden Schilderungen und kontrolliert sie gegenseitig.

Du kannst die Übung wiederholen mit der Zusatzübung 12.

## Übung 4

Zusatzübung 13 · Karte 106, 107

Des einen Freud, des anderen Leid.

Erfindet eine Situation, zu der dieses Sprichwort passt. Besprecht eure Idee. Es soll dabei klar werden, warum sich die einen freuen und die anderen leiden.

Schreibt Stichwörter zu eurer Idee auf, so dass ihr sie weiter erzählen könnt.

Du kannst die Übung wiederholen mit der Zusatzübung 13.

Übung 1

## Zuhören und Fragen stellen

CD 1, Track 11 Zusatzübung 14 Karte 108, 109

1. Lest zuerst die Sätze a, b und c. Sie erzählen nicht alles. Es bleiben Fragen offen. Besprecht, wie die Sätze ergänzt werden könnten.
2. **Track 11** Der Hörtext berichtet von Erfindungen, die auf einer Erfindermesse vorgestellt wurden. Hört zu und stellt euch die zwei Erfindungen genau vor.
3. **Track 11** Hört den Text nochmals. Worüber erhaltet ihr keine Informationen? Wie müsste der Text ergänzt werden? Schreibt eure Fragen oder Bemerkungen auf.

Du kannst die Übung wiederholen mit der Zusatzübung 14.

a Gestern haben die Kinder draussen Ball gespielt. Plötzlich rollte der Ball auf die Strasse. Fabio rannte ihm nach.

*Erwischte Fabio den Ball? Kam gerade ein Auto? Gab es einen Unfall?*

b Einmal liess sich eine Frau ein Bad einlaufen. Da klingelte das Telefon. Ihre Freundin war am Apparat. Danach ging die Frau einkaufen.

c Der Fahrer eines mit Limonade beladenen Lastwagens musste in einer Kurve scharf bremsen, weil eine Katze über die Strasse rannte. Der Lastwagen kam ins Schleudern.

Übung 2

CD 1, Track 12 Zusatzübung 15 Karte 108, 109

1. Manche Dinge sind gar nicht so einfach zu verstehen, auch wenn sich jemand bemüht, sie genau zu erklären. Wie erklärt ihr zum Beispiel jemandem, warum man auf einem Velo fahren kann? Besprecht das miteinander.
2. Was machen Käfer im Winter, wenn es eiskalt wird? Tauscht euch kurz darüber aus.
3. **Track 12** Hört dazu einen Text und überlegt, ob ihr das hört, was ihr zu diesem Thema erwartet habt.
4. **Track 12** Hört nochmals, wie sich der schwarze Käfer Upis ceramboides im Winter vor der Kälte schützt. Stellt euch genau vor, was erklärt wird.
5. Besprecht, wie sich der schwarze Käfer im Winter vor der Kälte schützt. Macht eine Skizze und notiert, was ihr noch nicht wisst.
   Arbeitstechnik 17 A «Ein Schaubild mit Legende zeichnen»

Du kannst die Übung wiederholen mit der Zusatzübung 15.

Übung 1

## An Beiträge anderer anknüpfen

Zusatzübung 16 Karte 110

1. Lest euch abwechslungsweise je einen Satz vor. Die andere Person knüpft mit einer Frage an diesen Satz an.
2. Lest euch die Sätze nochmals vor, aber so, dass beide mit neuen Ideen an die Sätze anknüpfen können.
3. Schreibt beide 3 Sätze und daran anschliessende Fragen auf.
4. Kontrolliert eure Sätze gegenseitig. Habt ihr sinnvolle Fragen gefunden? Sind sie gut formuliert?

Du kannst die Übung wiederholen mit der Zusatzübung 16.

| | |
|---|---|
| a | Ich war in Arosa in den Skiferien. |
| b | Ich habe gestern eine neue CD gekauft. |
| c | Meine Grossmutter kommt heute zu Besuch. |
| d | Am Brunnen gibt es frisches Wasser. |
| e | Gestern habe ich Monika getroffen. |
| f | Ich möchte diesen Film unbedingt sehen. |
| g | Mein MP3-Player funktioniert nicht mehr richtig. |
| h | In der Bibliothek hat es neue Krimis. |
| i | Ich muss noch schnell Brot holen. |
| j | Dieser Berg ist 2577 Meter hoch. |

*a) Ich war in Arosa in den Skiferien. - Hast du dort die Skischule besucht?*

Übung 2

Buch Arbeitstechniken Zusatzübung 17 Karte 110

1. Schlagt die Arbeitstechnik 30 B auf. Schaut euch die Illustrationen und Sprechblasen an.
   Arbeitstechnik 30 B «An Gesprächsbeiträge anderer anknüpfen»
2. Lest die nebenstehenden Aussagen und formuliert mit Hilfe der Sprechblasen im Buch Arbeitstechniken 8 Antworten zu jeder Aussage.
3. Schreibt zu einer Aussage diese 8 Antworten auf.

Du kannst die Übung wiederholen mit der Zusatzübung 17.

| | |
|---|---|
| a | Ich finde, wir sollten alles Geld aus der Klassenkasse für die Opfer dieser grossen Überschwemmung spenden. |
| b | Damit wir keine Luft verpesten, sollten wir den nächsten Ausflug mit dem Velo machen. |
| c | Es wäre besser, wenn wir eine Schuluniform hätten. |
| d | Ich finde, wir brauchen klare Regeln für das Fussballspiel in der Pause. |
| e | Wenn alle mithelfen, haben wir das schnell aufgeräumt und können doch alle noch in die Pause. |

Übung 1

## Gehörtes im grossen Ganzen verstehen

CD 1, Track 13 bis 16 · Zusatzübung 18 · Karte 111, 112

1. **Track 13 bis 16** Hört eine Nachricht über Katar, ein Land am Persischen Golf. Die Nachricht besteht aus 4 Teilen. Besprecht nach jedem Teil, was wohl im nächsten Teil erklärt wird.
2. **Track 13 bis 16** Erstellt je einzeln eine Tabelle. Hört die 4 Teile der Nachricht nochmals und sucht zu jedem Teil passende Teilthemen, die ihr in die Tabelle schreibt. Lasst in jedem Teil 8 Zeilen für die Stichwörter aus Schritt 3 frei.
3. **Track 13 bis 16** Hört die 4 Teile ein drittes Mal und notiert in der Tabelle zu jedem Teil passende Stichwörter.
4. Vergleicht eure Stichwörter und ergänzt sie.

Du kannst die Übung wiederholen mit der Zusatzübung 18.

**Teilthemen**

- Lage
- Grösse
- Reichtum
- Industrie
- Verkehr
- Projekt
- Bahn

| Teilthema | Stichwörter |
|---|---|
| Lage | am Persischen Golf |
| | |

Übung 2

⊙ CD 1, Track 17 und 18 Zusatzübung 19 Karte 111, 112

1. **Track 17** Hört den Text «Ausgebrannt». Welches Wort wird jeweils übertönt?

2. **Track 17** Besprecht, wovon der Text handelt und welches Wort unverständlich ist. Hört den Text nochmals und überlegt, ob ihr das richtige Wort für die Lücken entdeckt habt.

3. Schreibt je einzeln mindestens 3 Informationen auf, die ihr genau so oder ähnlich im Text gehört habt, und eine Information, die falsch ist.

4. **Track 18** Tauscht eure Notizen aus. Welches könnte die falsche Information sein? Hört den Text ohne übertönte Wörter und findet heraus, welche Informationen richtig sind.

5. Besprecht eure Lösungen.

Du kannst die Übung wiederholen mit der Zusatzübung 19.

Übung 3

⊙ CD 1, Track 19 Zusatzübung 20 Karte 111, 112

1. **Track 19** Hört das Märchen «Die zwölfte Pille».

2. **Track 19** Besprecht, was an diesem Märchen typisch ist und was nicht zu einem normalen Märchen passt. Hört den Text nochmals und überlegt, ob ihr noch mehr Dinge entdeckt, die in einem typischen Märchen nicht vorkommen.

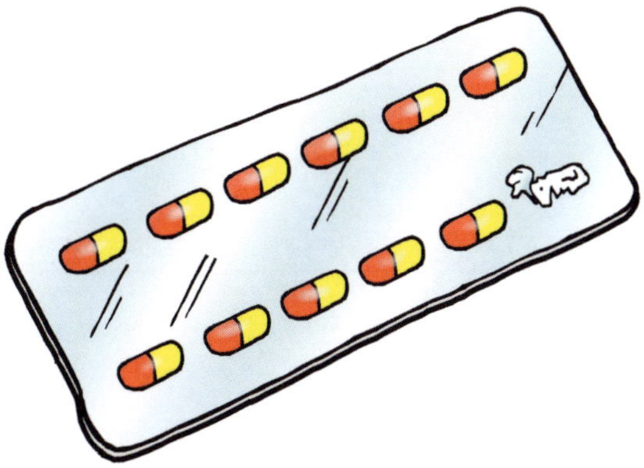

3. **Track 19** Erstellt eine Liste, in der ihr Wörter und Dinge aufschreibt, die in diesem Märchen speziell sind. Hört den Text ein drittes Mal und ergänzt eure Liste.

4. Überlegt, wie ihr das Märchen erzählen würdet, wenn es einen ganz normalen Schluss hätte.

Du kannst die Übung wiederholen mit der Zusatzübung 20.

Übung 1

## Bestimmte Informationen hören und verwenden

CD 1, Track 20 · Zusatzübung 21 · Karte 113, 114

1. **Track 20** Höre einen Text über Redewendungen zum Thema Ohr. Zähle, wie oft das Wort **Ohr** vorkommt.
2. **Track 20** Höre den Text nochmals und merke dir die Bedeutung des Ausdrucks **die Ohren steifhalten**.
3. Schreibe ein Beispiel auf, in dem du den Ausdruck **die Ohren steifhalten** verwendest.

Du kannst die Übung wiederholen mit der Zusatzübung 21.

Übung 2

CD 1, Track 21 · Zusatzübung 22 · Karte 113, 114

1. Welche Funktionen können **Zahlen** in einem Text haben? Schreibe dazu eine Liste auf.
2. **Track 21** Achte in den kurzen Hörtexten auf alle Zahlen. Markiere mit Strichen auf deiner Liste, welche Funktionen die gehörten Zahlen in diesen Texten haben. Ergänze deine Liste mit weiteren Funktionen.
3. **Track 21** Höre die Texte nochmals und merke dir den Witz.
4. Zeichne den Witz. Verwende dazu auch Sprechblasen mit Text.

Du kannst die Übung wiederholen mit der Zusatzübung 22.

Zahlen bezeichnen:

eine Anzahl ///
einen Preis
eine Uhrzeit /
eine Reihenfolge
eine Temperatur //
...

Übung 1

## Etwas genau verstehen

und

CD 1, Track 22 | Zusatzübung 23 | Karte 115 bis 118

1. **Track 22** Höre einen Text, in dem Buchstaben eine wichtige Rolle spielen.
2. **Track 22** Höre den Text nochmals und schreibe alle Buchstaben auf, die einzeln vorkommen. Schreibe auch die Wörter auf, die mit diesen Buchstaben gebildet werden.
3. Erfinde selber eine solche Geschichte, in der zuerst die Buchstaben **E** und **I** auftauchen. Notiere weitere Buchstaben, die dazukommen. Mache Notizen zu deiner Geschichte, so dass du sie erzählen kannst.
4. Erzählt euch zu zweit eure Geschichten und hört genau zu, ob die Buchstaben in der richtigen Reihenfolge auftauchen und am richtigen Ort stehen.

Du kannst die Übung wiederholen mit der Zusatzübung 23.

Übung 2

CD 1, Track 23 | Zusatzübung 24, 25 | Karte 115 bis 118

1. **Track 23** Höre Ausschnitte aus einem Interview, das Schülerinnen und Schüler mit Urs Degen, besser bekannt als Däge, geführt haben. Däge ist Illustrator und Cartoonist. Du hörst nur die Antworten von Däge, die Fragen fehlen.
2. **Track 23** Lies die Fragen. Kannst du dich an passende Antworten erinnern? Höre nochmals alle Antworten und ordne ihnen die Fragen zu.
3. **Track 23** Höre die Antworten ein drittes Mal und überprüfe deine Lösung. Schreibe die Buchstaben der Fragen in der richtigen Reihenfolge auf.
4. Die Buchstaben ergeben ein Lösungswort. Überlege, wie die Schülerinnen und Schüler das Interview beenden könnten. Schreibe selber einen Abschluss für das Interview und verwende dabei auch das Lösungswort.

| | |
|---|---|
| CH | Würden Sie unserer Klasse einmal eine Zeichenstunde geben? |
| D | Woher haben Sie die Ideen für Ihre Kreationen? |
| E | Hatten Sie eigentlich als Kind Lieblingsmaler? |
| F | In welchem Alter haben Sie angefangen zu zeichnen? |
| I | Wie viele Bilder haben Sie schon gemalt? |
| L | Wir haben gelesen, dass Sie ein Buch mit dem Titel «Die Welt als Ganzes» veröffentlicht haben. Was hat Sie auf diese Idee gebracht? |
| N | Was ist am schwierigsten zu zeichnen? |
| R | Wollten Sie schon als Kind Illustrator werden? |
| U | Wie beginnen Sie eine Zeichnung? |

Du kannst die Übung wiederholen mit den Zusatzübungen 24 und 25.

Übung 1

## Kurze Texte hören und verstehen

CD 1, Track 24 | Zusatzübung 26 | Karte 119, 120

1. **Track 24** Höre einen kurzen Lexikontext.
2. Lies die Sätze und schreibe alle Buchstaben ab, die vor den Sätzen stehen. Schreibe mit Bleistift neben jeden Buchstaben, ob die Aussage richtig oder falsch ist.
3. **Track 24** Höre den Text nochmals und überprüfe deine Vermutung.
4. Setze aus den Buchstaben der richtigen Sätze ein Wort zusammen, das mit dem Text etwas zu tun hat.

| | |
|---|---|
| A | Alles, was man aus Garn machen kann, ist eine Textilie. |
| B | Zu den Textilien gehören nur Naturfasern. |
| L | Fäden und Garne sind Textilien. |
| E | Nylon, Perlon und Trevira sind Kunststofffasern. |
| F | Wolle, Baumwolle, Leinen oder Seide sind Naturfasern. |
| R | Wer einen Pullover strickt, stellt eine Textilie her. |
| H | Filzteppiche sind keine Textilien. |
| S | Ein gehäkelter Schal ist eine Textilie. |

5. Schreibe mit eigenen Worten eine Erklärung zum Wort **Textilie**.

Du kannst die Übung wiederholen mit der Zusatzübung 26.

Übung 2

und

CD 1, Track 25 | Zusatzübung 27 | Karte 119, 120

1. **Track 25** Schau den Gecko an. Höre dann einen kurzen Text über Geckos.
2. **Track 25** Was weisst du jetzt über Geckos? Schreibe in Stichwörtern auf, was du über Geckos gehört hast. Höre den Text nochmals und ergänze deine Notizen.
3. **Track 25** Tauscht die Notizen. Hört den Text ein drittes Mal und überprüft, wie viele Informationen über Geckos die andere Person aufgeschrieben hat.
4. Wer von euch hat mehr richtige Informationen aufgeschrieben?

Du kannst die Übung wiederholen mit der Zusatzübung 27.

Übung 1

# Hören und mitdenken

CD 1, Track 26 und 27 | Zusatzübung 28, 29 | Karte 121

1. **Track 26** Höre einen Kurzkrimi. Achte auf Details, damit du herausfinden kannst, wer der Täter oder die Täterin ist.
2. **Track 26** Höre den Krimi nochmals und achte besonders auf alle Angaben zur Umgebung und zum Wetter.
3. **Track 26** In diesem Krimi spielt eine Visitenkarte eine wichtige Rolle. Höre den Text ein drittes Mal und stell dir die Visitenkarte beim Hören genau vor.
4. **Track 27** Hast du erraten, wer der Täter oder die Täterin ist? Wie hat Nico den Fall gelöst? Höre den Kurzkrimi und die Auflösung dazu.

Du kannst die Übung wiederholen mit den Zusatzübungen 28 und 29.

Übung 2

CD 1, Track 28 | Zusatzübung 30 | Karte 121

1. **Track 28** Höre ein Gespräch zwischen drei Kindern, die auf einer Ritterburg leben.
2. **Track 28** Höre das Gespräch nochmals. Stell dir den Belagerungsturm, von dem erzählt wird, genau vor.
3. **Track 28** Höre das Gespräch ein drittes Mal. Welche Verhaltensregeln für Ritter werden erwähnt?
4. Schreibe die gehörten Regeln auf.

Du kannst die Übung wiederholen mit der Zusatzübung 30.

Übung 1

## Gehörtes unter erschwerten Umständen verstehen

und

CD 1, Track 29 Zusatzübung 31 Karte 122 bis 124

1. **Track 29** Du hörst einen Wirrwarr von Texten. Überlege, welche Themen durcheinandergeraten sind.
2. **Track 29** Zeiche auf ein Blatt ungefähr so viele Ovale, wie du Themen in den Texten vermutest. Höre den Textwirrwarr nochmals und schreibe jedes Thema in ein Oval.
3. **Track 29** Höre den Textwirrwarr ein drittes Mal und notiere zu jedem Thema passende Stichwörter.
4. Wählt beide je ein anderes Thema und erzählt euch, was ihr dazu aus dem Textwirrwarr herausgehört habt.

Du kannst die Übung wiederholen mit der Zusatzübung 31.

Übung 2

und

CD 1, Track 30 Karte 122 bis 124

1. **Track 30** Zwei Banden, die Weisse und die Rote Rose, sind sich in die Haare geraten. Der Chef der Weissen Rose wird gefangen genommen. Höre, wie Kalle Blomquist und Eva-Lotta ihrem Chef in ihrer Geheimsprache Mut machen.
2. **Track 30** Höre den Text nochmals und achte besonders auf die Erklärungen zur Geheimsprache.
3. **Track 30** Höre den Text ein drittes Mal und schreibe auf, wie der Name **Kalle** oder **Anders** in dieser Geheimsprache klingt.
4. Wählt beide je 1 bis 2 Namen aus eurer Klasse aus. Schreibt sie in der Geheimsprache auf.
5. Lest euch die Namen vor und findet heraus, wer gemeint ist.

Du kannst die Übung wiederholen mit anderen Namen aus deiner Klasse.

Übung 1

# Anleitungen verstehen

1 farbiges A4-Zeichnungsblatt, Schere, Massstab, Bleistift
CD 1, Track 31 | Zusatzübung 32 | Karte 125 bis 127

1. **Track 31** Lege alle Materialien bereit. Du wirst eine Anleitung hören, die dir erklärt, wie du einen kleinen Bilderrahmen falten kannst.
2. **Track 31** Höre die Anleitung bei Bedarf nochmals und stelle deinen Bilderrahmen mit Bild fertig.

Du kannst die Übung wiederholen mit der Zusatzübung 32.

Übung 2

kariertes A6-Blatt, Massstab, Uhr | Karte 125 bis 127

1. Faltet beide das karierte Blatt so, dass es in 4 gleiche Felder eingeteilt ist.
2. Setzt euch so, dass ihr einander hören, aber eure Blätter nicht sehen könnt.
3. Diktiert euch abwechslungsweise, was ihr auf das Blatt zeichnen oder schreiben sollt. Beide führen die Anleitung aus. Beschreibt alles ganz genau, damit am Schluss beide Blätter möglichst gleich aussehen. Fragt nur nach, wenn etwas unklar beschrieben wird.
4. Vergleicht nach 10 Minuten eure Blätter. Wo sind sie genau gleich? Wo gibt es Abweichungen? Warum?

*Zeichne ins linke untere Feld möglichst genau in die Mitte den Grossbuchstaben T. Der waagrechte und der senkrechte Balken sind beide ein Häuschen breit und beide genau fünf Häuschen lang.*

Du kannst die Übung wiederholen mit unliniertem Papier.

Übung 1

## Wichtiges verstehen und wiedergeben

und

A4-Blatt CD 1, Track 32 Zusatzübung 33 Karte 128

1. Falte ein A4-Blatt dreimal, öffne es wieder und schneide den Faltlinien entlang 8 Zettel aus. Schreibe auf jeden Zettel je einen Zwischentitel. Es handelt sich um Zwischentitel zu einem Text über Kamele.
2. **Track 32** Höre den Text über Kamele. Diese werden auch Wüstenschiffe genannt. Lege beim Hören die Zwischentitel in der richtigen Reihenfolge untereinander vor dich hin.
3. **Track 32** Vergleicht eure Reihenfolgen. Hört den Text nochmals und kontrolliert die Reihenfolgen.
4. **Track 32** Höre den Text ein drittes Mal und schreibe zu jedem Zwischentitel Stichwörter auf den Zettel.
5. Tauscht je 4 Zettel miteinander aus und legt die Zettel wieder in der richtigen Reihenfolge hin. Erzählt euch mit Hilfe der Stichwörter den Text nach. Es erzählt immer diejenige Person, die den Zettel geschrieben hat. Wer anfängt, erfindet auch einen passenden Titel zum Text.

**Zwischentitel**

Dicke Fusssohlen
Dornenfresser
Hitze gegen Schwitzen
Höcker als Energiereserve
Nase als Klimaanlage
Salzwassertrinker
Trinkrekord
Weltmeister im Wassersparen

Du kannst die Übung wiederholen mit der Zusatzübung 33.

Übung 2

und

CD 1, Track 33 Zusatzübung 34 Karte 128

1. Schaut euch das Mindmap zum Thema Lawinen an. Besprecht, welche Informationen ihr dem Mindmap entnehmen könnt.
2. **Track 33** Höre einen Text über Lawinen. Welche Informationen hast du erwartet? Was hast du Neues erfahren?
3. **Track 33** Höre den Text nochmals und suche die entsprechenden Informationen auf dem Mindmap.
4. **Track 33** Hast du alle Informationen aus dem Mindmap im Hörtext wiedergefunden? Höre den Text ein drittes Mal und vergleiche das Gehörte nochmals mit dem Mindmap.
5. Welches sind deiner Meinung nach die wichtigsten Teilthemen im Hörtext? Schliesse das Trainingsbuch und erstelle selber ein Mindmap mit dem Thema und den wichtigsten Teilthemen.
6. **Track 33** Höre den Text nochmals und beschrifte dabei dein eigenes Mindmap. Schau noch nicht ins Buch.
7. Vergleicht eure Mindmaps. Habt ihr alle wichtigen Informationen aufgeschrieben? Was ist anders als beim Mindmap im Buch?

Du kannst die Übung wiederholen mit der Zusatzübung 34.

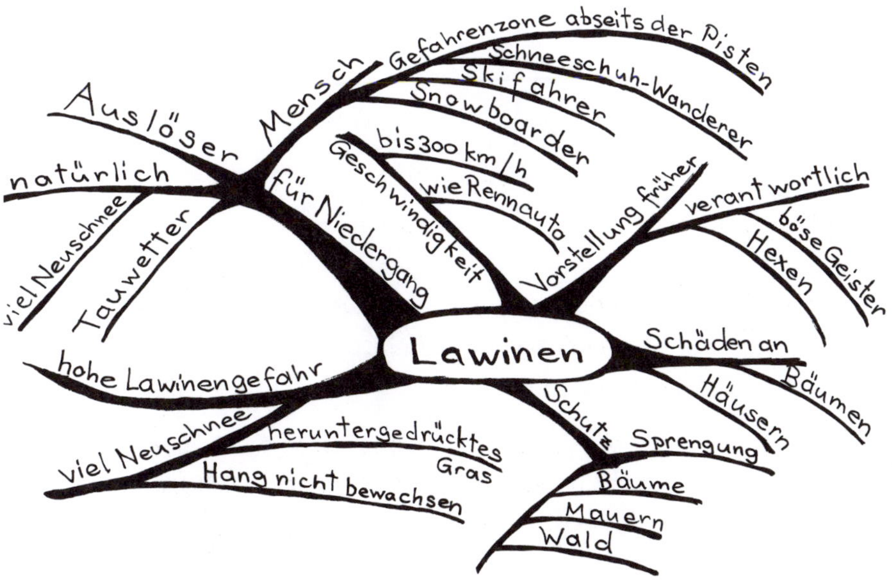

Übung 1

# Geschichten hören und wiedergeben

3 verschiedene Schreibstifte · CD 1, Track 34 · Zusatzübung 35 · Karte 129, 130

Andreas Achenbach war 16 Jahre alt, als er dieses Bild im Jahre 1831 malte.

1. Schau dir das Bild genau an. Was entdeckst du? Schreibe Stichwörter zum Bild auf.
2. **Track 34** Höre eine Geschichte zur Entstehung dieses Bildes. Suche alle genannten Dinge auf dem Bild.
3. Was hast du Neues auf dem Bild entdeckt? Ergänze deine Stichwörter.
4. **Track 34** Höre den Text nochmals und schreibe mit einem anderen Stift Stichwörter zu Dingen, die man auf dem Bild nicht sehen kann.
5. **Track 34** Höre den Text ein drittes Mal und schreibe mit einem dritten Stift Stichwörter, die erklären, warum das Bild etwas Spezielles ist.
6. Beschreibe das Bild mit eigenen Worten.

Du kannst die Übung wiederholen mit der Zusatzübung 35.

Übung 2

und

CD 1, Track 35 Zusatzübung 36 Karte 129, 130

1. Gedichte können auch Geschichten erzählen. Kennst du ein Gedicht, in dem eine Katze eine Rolle spielt?
2. Höre ein Gedicht, das vor mehr als 150 Jahren geschrieben wurde. Stell dir in Bildern vor, was erzählt wird.
3. **Track 35** Höre das Gedicht nochmals. Achte besonders auf die Stellen, wo der Junge mit der Mutter spricht.
4. Erinnere dich an das Gedicht. Lies die Sätze. Schreibe die Buchstaben der Sätze in der passenden Reihenfolge auf.
5. **Track 35** Höre das Gedicht ein drittes Mal und kontrolliere deine Reihenfolge.
6. Vergleicht eure Reihenfolgen. Entdeckt ihr das versteckte Lösungswort?
7. Könnt ihr mit Hilfe der Sätze das Gedicht nacherzählen?

Du kannst die Übung wiederholen mit der Zusatzübung 36.

| | |
|---|---|
| N | Der Junge will die Katze retten und springt selber in den Teich. |
| O | Der Junge hört ein leises Miauen. |
| Z | Der Junge will die Katze verschenken. |
| E | Der Junge wirft die Katze in den Teich. |
| A | Peter würde das Kätzchen ertränken. |
| D | Auch die Katze ist gerettet und alles geht gut aus. |
| K | Ein Kätzchen soll ertränkt werden, weil es immer Dinge stiehlt. |
| T | Peter rettet den Jungen und bringt ihn nach Hause. |
| T | Der Junge fleht, dass das Kätzchen am Leben bleiben darf. |

Übung 1

# Einen Redebeitrag planen

und

Karte 131, 132

1. Beobachte in der Pause oder auf dem Schulweg das Wetter.
2. Plane einen kurzen Redebeitrag über das Wetter. Dein Beitrag soll folgende Teilthemen enthalten:
   - Was ist am **Himmel** zu sehen?
   - Wie ist die **Temperatur**?
   - Wie könnte das **Wetter morgen** sein und woran erkennst du das?
   - Welche **Freizeitaktivitäten** passen zu diesem Wetter?
3. Mach dir Notizen zu diesen Teilthemen und bereite damit deinen Redebeitrag vor.
4. Berichtet euch von euren Wetterbeobachtungen. Achtet beim Zuhören darauf, ob die Teilthemen genau beachtet werden.

Du kannst die Übung an einem anderen Tag wiederholen.

Übung 2

und

Karte 131, 132

1. Bereite einen Redebeitrag vor, in dem du über den gestrigen Tag erzählst. Du sollst über folgende Teilthemen berichten:
   - Aufstehen
   - Tätigkeit am Morgen
   - Tätigkeit am Nachmittag
   - Etwas, womit du dich in Gedanken beschäftigt hast
   - Das Beste des Tages
   - Zu Bett gehen
2. Mache dir kurze Notizen zu jedem Teilthema.
3. Erzählt euch gegenseitig vom gestrigen Tag. Achtet beim Zuhören darauf, ob die Teilthemen genau beachtet werden.

Du kannst die Übung an einem anderen Tag wiederholen.

Übung

# Mundart und Hochdeutsch vergleichen

und

Kopiervorlage 1 CD 1, Track 36 bis 38 Zusatzübung 37 Karte 133

1. **Track 36** Höre eine kurze Geschichte von Franz Hohler über ein Zwerglein.
2. **Track 37** Höre die gleiche Geschichte nochmals, diesmal aber in Mundart.
3. **Track 38** Höre nur den ersten Satz der Geschichte in Mundart. Markiere auf der Kopiervorlage, wie sich der Mundartsatz von der hochdeutschen Vorlage unterscheidet.
4. **Track 37** Besprecht die Unterschiede. Überlegt, wo und wie sich die Mundartfassung von der hochdeutschen Fassung unterscheiden wird. Markiert eure Vermutungen auf der Kopiervorlage. Hört den Text und überprüft, ob ihr richtig vermutet habt.
5. **Track 37** Hört den Text nochmals und markiert alle Wörter, die auf der Kopiervorlage ganz anders sind als in Mundart.
6. Besprecht, welche Unterschiede ihr zwischen Mundart und Standardsprache entdeckt habt, und schreibt diese Unterschiede auf.

Du kannst die Übung wiederholen mit der Zusatzübung 37.

Übung 1

# Ausdrucksvoll sprechen

Buch Arbeitstechniken · CD 1, Track 39 · Zusatzübung 38, 39 · Karte 134 bis 136

1. **Track 39** Höre zu und öffne die erwähnten Seiten im Buch Arbeitstechniken. Suche die angegebenen Buchstaben im oberen orangefarbenen Streifen und schreibe sie auf.
2. Setze die Buchstaben so zusammen, dass sie einen Gegenstand aus dem Etui ergeben. Klemme dir diesen Gegenstand zwischen die Zähne und später zwischen die Lippen und lies einen der Sprüche einige Male halblaut.

Du kannst die Übung wiederholen mit den Zusatzübungen 38 und 39.

Ein sehr schwer sehr schnell zu sprechender Spruch ist ein Schnellsprechspruch.

Isst Fritz Fischer viele frisch frittierte Frischfischfrikadellen?

Zwanzig Zwerge zeigen Handstand, zehn im Wandschrank, zehn am Sandstrand.

Übung 2

Gummiband (ca. 30 cm lang), beliebiger Text · Karte 134 bis 136

1. Lege dir ein Gummiband um den Kopf. Es soll über den Ohren und auf den Lippen liegen. Das Gummiband darf nicht zu satt anliegen oder schmerzen! Versuche das Gummiband nur mit den Bewegungen deines Mundes zum Hals hinunterrutschen zu lassen.
2. Lege das Gummiband immer wieder um deinen Kopf und lass es zum Hals hinunterrutschen. Zusätzlich liest du auch noch ein Stück eines von dir gewählten Textes vor.
3. Lies zum Schluss den Text ohne Gummiband, aber mit ganz starken Bewegungen deines Mundes.

Du kannst die Übung wiederholen, indem du einen anderen Text wählst.

Übung 3

und

CD 1, Track 40 und 41 Zusatzübung 40 Karte 134 bis 136

1. **Track 40** Höre ein Gedicht, das aus lauter künstlichen Wörtern besteht. Wie wirkt es?
2. **Track 40** Höre das Gedicht nochmals und lies leise mit.
3. **Track 41** Höre das Gedicht nochmals. Diesmal wird es von einer anderen Person gesprochen. Achte darauf, wie es jetzt wirkt.
4. **Track 40 und 41** Was hat dir an den beiden Darbietungen gefallen? Höre beide nochmals und lies leise mit.
5. Wie könntet ihr das Gedicht vortragen? Probiert verschiedene Varianten aus und achtet dabei auf eine genaue Aussprache. Ihr könnt auch einfache Geräusche mit einbeziehen. Übt, bis ihr mit eurer Darbietung zufrieden seid.

Du kannst die Übung wiederholen mit der Zusatzübung 40.

## Karawane

*Hugo Ball*

jolifanto bambla ô falli bambla
großiga m'pfa habla horem
égiga goramen
higo bloiko russula huju
hollaka hollala
anlogo bung
blago bung
blago bung
bosso fataka
ü üü ü
schampa wulla wussa ólobo
hej tatta gôrem
eschige zunbada
wulubu ssubudu uluw ssubudu
tumba ba- umf
kusagauma
ba – umf

# Trainingsziele Grammatik

| Wortarten und Wortformen | Üben und überprüfen |
|---|---|
| 1 Ich erkenne die Wortarten | Seite 82–85 |
| • Verben | Seite 86, 87 |
| • Nomen | Seite 91 |
| • Adjektive | Seite 96, 97 |
| • Pronomen | Seite 100 |
| 2 Ich erkenne die Zeitformen der Verben und bilde sie richtig | Seite 90 |
| • im Präsens | Karte 141, 142 |
| • im Präteritum | Seite 88 |
| • im Perfekt | Seite 88 |
| • im Futur | Seite 89 |
| • im Plusquamperfekt | Karte 149 |
| 3 Ich bilde die Befehlsformen der Verben richtig. | Karte 153 |
| 4 Ich erkenne Singular- und Pluralformen von Nomen und bilde sie richtig. | Seite 92 |
| 5 Ich verwende Nomen in Sätzen in den richtigen Fällen. | Seite 93, 94 |
| 6 Ich kann in Sätzen die Fallformen der Nomen bestimmen. | Seite 93 |
| 7 Ich bilde Vergleichsformen von Adjektiven richtig. | Seite 98 |
| 8 Ich bilde verschiedene Nomen und Adjektive. | Karte 174, 175, 183, 184 |
| 9 Ich schreibe Verben oder Adjektive, die als Nomen verwendet werden, gross. | Seite 95 |
| 10 Ich verwende Verben als Adjektive. | Seite 99 |

| Satzbau und Satzzeichen | Üben und überprüfen |
|---|---|
| 11 Ich erkenne die verschiedenen Satzarten und setze die richtigen Satzschlusszeichen. | Seite 101 |
| 12 Ich verändere Sätze mit dem Satzbauplan. | Seite 102 |
| 13 Ich überarbeite einen Text mit den Satzproben. | Seite 104 |
| 14 Ich kann in Sätzen Wörter ersetzen (Ersatzprobe). | Karte 194, 195 |
| 15 Ich kann in Sätzen Wörter verschieben (Verschiebeprobe). | Karte 196, 197 |
| 16 Ich kann Sätze erweitern oder kürzen (Erweiterungsprobe, Weglassprobe). | Karte 198–200 |
| 17 Ich setze bei Aufzählungen Kommas. | Seite 105 |
| 18 Ich setze zwischen Teilsätzen ein Komma. | Seite 106, 107 |
| 19 Ich setze die Satzzeichen bei direkter Rede richtig. | Seite 108, 109 |

Übung 1

## Wörter nach Wortarten sortieren (1)

Zusatzübung 1 bis 5 Karte 137

Memo 7
Memo 9
Memo 11

Erstelle eine Tabelle. Bestimme mit der Maschine die Wortarten und trage die Wörter in die passende Spalte ein.

Du kannst die Übung wiederholen mit den Zusatzübungen 1 bis 5.

| Verb | Nomen | Adjektiv | Restgruppe |
| --- | --- | --- | --- |
| | der Sonntag | | |

| | | | | |
| --- | --- | --- | --- | --- |
| SONNTAG | ZEIGST | BLEIBT | IN | STILL |
| BRAV | UNS | RENNT | VORSTELLUNG | LACHTE |
| FREUNDLICH | NICHT | FAHRZEUG | FRISCH | DER |
| GING | LANG | STUNDE | WEIL | ÜBERMUT |

Übung 2

Zusatzübung 1 bis 5 Karte 137

Memo 7
Memo 9
Memo 11

Erstelle eine Tabelle. Bestimme mit der Maschine die Wortarten und trage die Wörter in die passende Spalte ein.

Du kannst die Übung wiederholen mit den Zusatzübungen 1 bis 5.

| Verb | Nomen | Adjektiv | Restgruppe |
| --- | --- | --- | --- |
| fährt | | | |

| | | | | |
| --- | --- | --- | --- | --- |
| FÄHRT | MACHST | DENKT | AUGE | HALLO! |
| JUNG | DAS | ROT | SCHNELL | SITZT |
| TANTE | VATER | MOTOR | GRUBE | MÜSST |
| STUR | STRASSE | WÄHREND | SAUBER | KLEIN |

## Wortartenmaschine 1

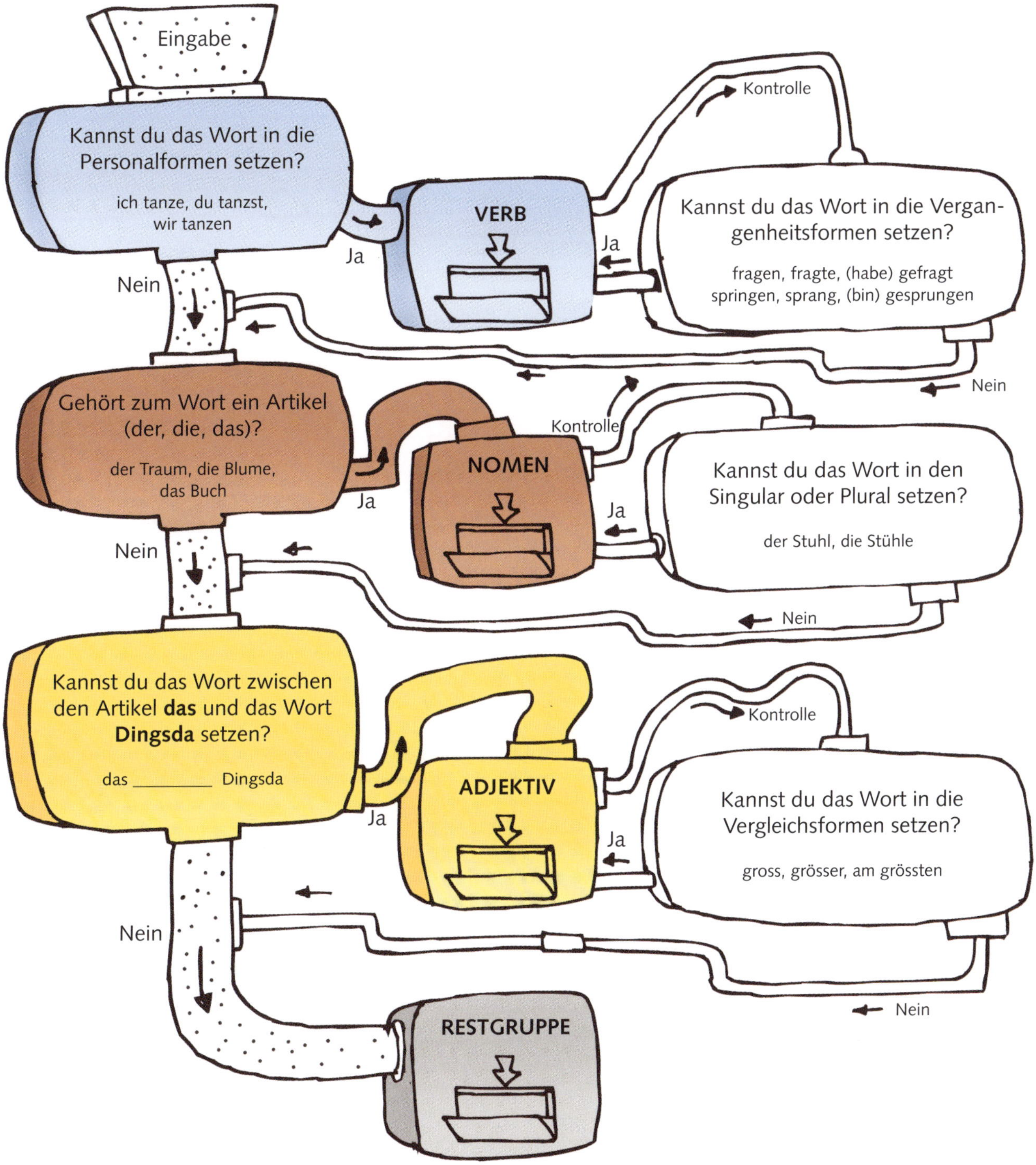

Übung 1

# Wörter nach Wortarten sortieren (2)

Zusatzübung 6 bis 9 Karte 137

Memo 7
Memo 9
Memo 11
Memo 12
Memo 13

Erstelle eine Tabelle. Bestimme mit der Maschine die Wortarten der Wörter und trage die Wörter in die passende Spalte ein.

Du kannst die Übung wiederholen mit den Zusatzübungen 6 bis 9.

| Verb | Nomen | Adjektiv | Pronomen | Partikel |
| --- | --- | --- | --- | --- |
| | die Ferien | | | |

| | | | | |
| --- | --- | --- | --- | --- |
| FERIEN | ÜBRIGENS | HELL | EUCH | DU |
| DUNKLE | GORILLA | AUA | PULS | WÄHREND |
| VERLIERST | NAHM | MÜHSAM | RANNTE | DIESE |
| SCHRECKLICH | WIR | GANG | HERUNTER | MACHTE |

Übung 2

Zusatzübung 6 bis 9 Karte 137

Memo 7
Memo 9
Memo 11
Memo 12
Memo 13

Erstelle eine Tabelle. Bestimme mit der Maschine die Wortarten und trage die Wörter in die passende Spalte ein.

Du kannst die Übung wiederholen mit den Zusatzübungen 6 bis 9.

| Verb | Nomen | Adjektiv | Pronomen | Partikel |
| --- | --- | --- | --- | --- |
| | die Schwünge | | | |

| | | | | |
| --- | --- | --- | --- | --- |
| SCHWÜNGE | LIPPENSTIFT | LUSTIG | LAG | UNHEIMLICH |
| LIEBER | EINEN | ERKENNUNG | DÄCHER | SOGAR |
| SORGFÄLTIG | ÜBERHAUPT | IN | BENUTZTEST | FRAGT |
| SAH | HIER | VIELLEICHT | IHNEN | DIESER |

## Wortartenmaschine 2

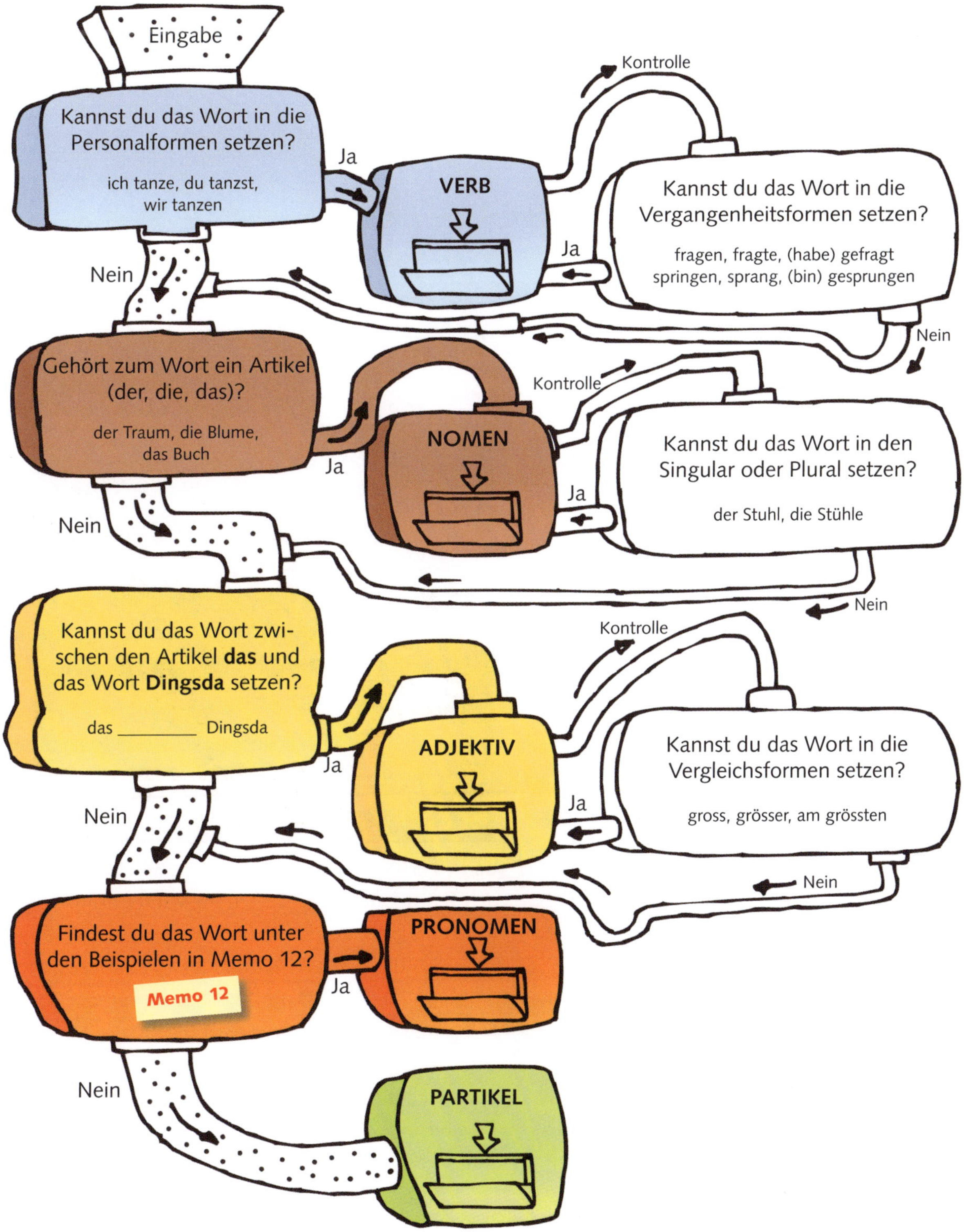

Übung 1

## Verben erkennen

Zusatzübung 10 Karte 138 bis 140

Memo 7

1. Lies den Text.
2. Wähle eine Farbe. Bestimme im Text bei den Wörtern in dieser Farbe die Verben. Schreibe die Verben mit der **Ich-du-wir-Probe** auf.

*Blaue Wörter*
*leben: ich lebe, du lebst, wir leben*
*bleiben: ich …*

Du kannst die Übung wiederholen, indem du Wörter in anderen Farben wählst oder die Zusatzübung 10 bearbeitest.

### Aus dem Tierlexikon: Lebensraum der Biber

Biber leben im und am Wasser. An Land watscheln sie unbeholfen, aber im Wasser schwimmen und tauchen sie äusserst elegant. Bis zu einer Viertelstunde können sie unter Wasser bleiben. Sie leben viele Jahre lang im selben Revier. Die Grenzen des Reviers markieren sie mit einem öligen Sekret.

Biber sind Familientiere. Die Biberpaare wohnen mit ihren Kindern in ihrem Biberbau. Der Biberbau besteht aus einer Höhle am Wasser, deren Eingang unter der Wasseroberfläche liegt. Meistens besitzt eine Biberfamilie noch kleine Baue in der Nähe, in die sich das Männchen und die Jungen des Vorjahres zurückziehen, sobald die neuen Biberbabys auf die Welt kommen.

Biber sind grosse Baumeister. Die Innenseiten der Wohnhöhle polstern sie mit weichem Pflanzenmaterial. Wenn die Erdschicht über der Wohnhöhle zu dünn wird, türmen sie Zweige und Äste darüber, so dass ein Hügel, die sogenannte Biberburg, entsteht. Sie kann bis zu zehn Meter breit und zwei Meter hoch werden. Die Biber isolieren den Bau so gut, dass es auch im Winter drinnen nicht gefriert.

Sinkt die Wassertiefe des Flusses oder Sees, beginnen die Biber Dämme zu bauen, um das Wasser zu stauen. So liegt der Eingang des Biberbaus wieder unter Wasser und sie sind vor Feinden geschützt. Die kunstvollen und stabilen Dämme errichten sie mit Zweigen und Baumstämmen.

Übung 2

Schülerduden Zusatzübung 11 Karte 138 bis 140

Memo 7

Bestimme die 23 Verben und schreibe die Verben wie im Beispiel mit der **Vergangenheitsprobe** (Kurzform) auf. Das Verb **können** kommt zweimal vor, zählt aber nur einmal.

1. warnt: warnen, warnte, gewarnt
2. kennst: …

Wenn du bei den Vergangenheitsformen unsicher bist, schau im Schülerduden nach.

Du kannst die Übung wiederholen mit der Zusatzübung 11.

## Wenn dich dein Ohr warnt

Vielleicht kennst du das auch: Du gehst in die Schuldisco und tanzt fast zwei Stunden lang ununterbrochen. Der Schweiss läuft aus allen Poren und du fühlst dich übermütig und glücklich. Nach der Disco rauscht es in beiden Ohren, nach einigen Stunden aber vergeht dieses unangenehme Gefühl wieder. Oder du hörst zu Hause Musik. Um die anderen Leute im Haus nicht zu stören, benutzt du Kopfhörer. Manchmal hast du danach eine Zeitlang ein taubes Gefühl in den Ohren.

Taube oder unangenehme Gefühle im Ohr sind Warnsignale und bedeuten: Achtung! Lautstärke reduzieren! Die Haarzellen im Innenohr leiden am meisten unter übermässigem Lärm. Sie erholen sich wieder, wenn du sie schonst. Gefährdest du dein Ohr aber zu oft und zu lange durch zu laute Musik, wird dein Gehör schwächer und du kannst die einzelnen Töne immer weniger klar unterscheiden. Geschädigte Haarzellen kann man nicht mehr heilen, weder durch Medikamente noch durch eine Operation.

# Vergangenheitsformen bilden

Karte 143 bis 147

Memo 8

## Verben versenken

**Material:** 2 A4-Blätter, 12 Wendeplättchen oder Büroklammern, Schülerduden
**Anzahl Spielende:** 2 (A und B)

### Vorbereitung

- A und B falten je einzeln ein A4-Blatt der Länge und der Breite nach je dreimal, so dass eine Tabelle mit 8×8 Feldern entsteht.
- Die linke Spalte der Tabelle wird wie im Beispiel gestaltet. A und B wählen gemeinsam 7 Verben aus, die sie speziell üben möchten, und tragen diese in die oberste Zeile ein.

### Spielablauf

- A und B setzen sich so hin, dass sie einander nicht auf das Blatt schauen können, und legen je 6 Wendeplättchen irgendwo auf ihre freien Felder.
- A nennt eine Personalform eines Verbs im **Präteritum**, z. B. ihr lieft (oder die Ich-Form im **Perfekt**, z. B. ich habe gesehen). Bei Unsicherheiten hilft der Schülerduden.
- Beide schreiben die Personalform des Verbs in das passende Feld. Wenn B auf diesem Feld ein Plättchen hat, bekommt A das Plättchen.
- Dann ist B an der Reihe.

### Spielziel

Gewonnen hat, wer zuerst die 6 Wendeplättchen der anderen Spielerin oder des anderen Spielers erobert hat.

| | laufen | sehen | (Verb) | (Verb) | (Verb) | (Verb) | (Verb) |
|---|---|---|---|---|---|---|---|
| ich | | | | | | | |
| du | | | | | | | |
| er/sie/es | | | | | | | |
| wir | | | | | | | |
| ihr | ihr lieft | | | | | | |
| sie | | | | | | | |
| Ich-Form im Perfekt | | ich habe gesehen | | | | | |

| | | | | | | |
|---|---|---|---|---|---|---|
| befehlen | bringen | finden | haben | laufen | schreiben | stinken |
| beginnen | denken | fliegen | halten | nehmen | schreien | tragen |
| beissen | entscheiden | frieren | heissen | rennen | sehen | treffen |
| blasen | essen | geben | helfen | rufen | sein | vergessen |
| bleiben | fahren | gehen | kennen | schlafen | sitzen | waschen |
| brechen | fallen | geschehen | kommen | schlagen | sprechen | werfen |
| brennen | fangen | gewinnen | lassen | schliessen | stehen | wissen |

Übung

# Verbformen im Futur bilden

Karte 148

Memo 8

Wähle ein Bild aus. Schreibe mit den Stichwörtern Sätze dazu auf und verwende dabei die Futurform. Erfinde weitere Sätze zum Thema.

*So werde ich mich für einen Kinobesuch entscheiden*
*Ich werde an einem Kinoplakat vorbeigehen. Ich werde …*

Du kannst die Übung wiederholen, indem du ein anderes Thema wählst.

**Was wird in Zukunft anders sein?**

| So werde ich mich für einen Kinobesuch entscheiden | So werde ich ein Buch lesen | So werde ich zur Arbeit fahren |
|---|---|---|
| an Kinoplakat vorbeigehen | E-Book-Reader am Stromnetz aufladen | die verstopften Strassen satthaben |
| stehen bleiben | Bibliothekskatalog im Internet suchen | ein Stadtvelo anschaffen |
| Plakat betrachten und Filmtitel lesen | Angebot studieren | morgens mit dem Velo am Seil der Schwebebahn einklinken |
| mehr über Film wissen wollen | in Leseproben schmökern | am Seil über die Hauptstrassen schweben |
| Handy auf Kinoplakat richten | E-Book-Reader einpacken | einen guten Regenschutz kaufen |
| den Vorfilm empfangen | in die Bibliothek fahren | bei jedem Wetter über die Autostaus hinwegfahren |
| Vorfilm anschauen | mit der Bibliothekskarte mehrere E-Books bestellen | dabei etwas für meine Gesundheit tun |
| mich entscheiden für Kinobesuch | E-Books am Terminal direkt in den E-Book-Reader laden | die Fahrt in der Luft geniessen |
| eine Freundin oder einen Freund anrufen | E-Book-Reader einpacken | mich am Ende vom Seil abkuppeln |
| fragen, ob sie oder er mitkommt | zehn Bücher sind nur 200 Gramm schwer | vor allen anderen erfrischt an meinem Arbeitsort eintreffen |
| per SMS Platz reservieren | genügend Lesestoff für drei Ferienwochen haben | |

Übung

## Verschiedene Zeitformen bilden

Karte 150 bis 152

Memo 8

1. Wähle 2 Verben und schreibe mit jedem Verb 4 Sätze wie im Beispiel. Unterstreiche die Verben.
2. Schreibe mit 2 weiteren Verben je 4 eigene Sätze. Unterstreiche die Verben.

*schlafen*
*Früher <u>hatte</u> ich im Stubenwagen <u>geschlafen</u>.*
*Später <u>schlief</u> ich im Kinderbett.*
*Heute <u>schlafe</u> ich in einem Kajütenbett.*
*Morgen <u>werde</u> ich vielleicht in einem Wasserbett <u>schlafen</u>.*

Du kannst die Übung wiederholen, indem du andere Verben wählst.

| Zeitformen / Verben | Plusquamperfekt | Präteritum oder Perfekt | Präsens | Futur |
|---|---|---|---|---|
| | Früher … | Später … | Heute … | Morgen … |
| schreiben | mit Kreide | mit Bleistift | mit Tinte | mit Kugelschreiber |
| schlafen | im Stubenwagen | im Kinderbett | im Kajütenbett | in einem Wasserbett |
| am liebsten lesen | Bilderbücher | Comics | Sachbücher | Abenteuergeschichten |
| sprechen | Babysprache | Berndeutsch | Berndeutsch und Hochdeutsch | viele verschiedene Sprachen |
| am liebsten essen | Bananenbrei | Tomatenspaghetti | Hamburger | Algen |
| am liebsten trinken | Schokoladenmilch | Zitronensirup | Süssmost mit Mineralwasser | Schwarztee |
| reiten | auf den Schultern der Mutter | auf dem Schaukelpferd | auf einem Pony | auf einem Dressurpferd |
| fahren | im Kinderwagen | mit dem Dreirad | mit dem Fahrrad | mit einem Einrad |
| lernen | | | | |
| spielen | | | | |
| träumen | | | | |
| gehen | | | | |
| fliegen | | | | |
| sitzen | | | | |

Übung 1

## Nomen erkennen und grossschreiben

brauner Farbstift · Zusatzübung 12, 13 · Karte 157 bis 159

Memo 9

1. In der Buchbesprechung sind nur die Satzanfänge und Eigennamen grossgeschrieben. Die übrigen 13 Nomen sind kleingeschrieben. Bestimme mit der **Der-die-das-Probe** die Nomen und schreibe den Text richtig auf.
2. Unterstreiche die Nomen braun.

Du kannst die Übung wiederholen mit den Zusatzübungen 12 und 13.

### Die entdeckung des Hugo Cabret

Hugo ist 12 jahre alt und lebt in den gängen eines bahnhofs in Paris, wo er einst von seinem onkel gelernt hat, wie man bahnhofsuhren repariert. Er kann mit schrauben, draht und werkzeug ganz geschickt umgehen. Das buch enthält viele zeichnungen und erzählt auf 500 seiten eine merkwürdige und rätselhafte geschichte. Denn Hugo ist unsichtbar.

Übung 2

brauner Farbstift · Zusatzübung 14, 15 · Karte 157 bis 159

Memo 9

1. In jedem Satz stehen die 3 Nomen an der falschen Stelle. Stelle die Nomen so um, dass sinnvolle Sätze entstehen.
2. Schreibe die Sätze auf und beachte die Grossschreibung der Nomen.
3. Unterstreiche die Nomen braun.

Du kannst die Übung wiederholen mit den Zusatzübungen 14 und 15.

*a) Meine Mutter betrachtet die Briefmarke mit der Lupe.*

| | |
|---|---|
| a | Meine briefmarke betrachtet die lupe mit der mutter. |
| b | Als es zur treppe klingelte, rannte die pause schnell die schülerin hinunter. |
| c | Der hochsommer trug sogar im wintermantel seinen mann. |
| d | Im kind sah das fischlein wasser. |
| e | Die cousine biss die hand in die maus. |
| f | Auf dem leimstift lagen ein papierbogen und ein pult bereit. |

Übung 1

## Singular- und Pluralformen erkennen und bilden

Wörterbuch  Zusatzübung 16 bis 18  Karte 160, 161

Memo 9

Erstelle eine Tabelle und schreibe die Nomen in die passende Spalte. Ergänze die fehlenden Nomenformen.

Wenn du unsicher bist, schau im Wörterbuch nach.

Du kannst die Übung wiederholen mit den Zusatzübungen 16 bis 18.

| Singular | Plural |
| --- | --- |
| mein Bruder | meine Brüder |
| die Grossmutter | ... |

| | | |
| --- | --- | --- |
| mein Bruder | die Öfen | die Betten |
| die Grossmutter | das Pult | ein Onkel |
| der Vater | drei Spiele | die Blumen |
| viele Vögel | mehrere Hefte | der Wagen |
| ein Faden | zwei Hunde | die Kollegin |
| viele Häuser | ein Glas | das Flämmchen |

Übung 2

Zusatzübung 19  Karte 160, 161

Memo 9

1. Setze in den Sätzen die Nomen im Singular in den Plural und die Nomen im Plural in den Singular.
2. Schreibe die Sätze so auf und passe die Artikel und Endungen von Nomen an.

*a) Neben den Briefen liegen eine Adresse und Einzahlungsscheine.*

Du kannst die Übung wiederholen mit der Zusatzübung 19.

| | |
| --- | --- |
| a | Neben dem Brief liegen Adressen und ein Einzahlungsschein. |
| b | Der Deutschlehrer und die Klassenlehrerin leiten das Klassenlager. |
| c | Auf den Tischen stehen eine Flasche und Gläser. |
| d | Die Forelle und der Hecht leben in Fluss und See. |
| e | Vor dem Hauseingang bauten das Mädchen und der Knabe zwei Schneemänner. |
| f | Frisches Brot kaufe ich lieber in den Bäckereien als in den Einkaufszentren. |

Übung

# Nomen in die richtigen Fälle setzen und Fälle bestimmen

Zusatzübung 20 bis 23 Karte 162 bis 165

Memo 10

1. Schreibe die Sätze ab und ergänze die Lücken mit dem Nomen und dem passenden bestimmten Artikel. Unterstreiche die eingesetzten Nomen und Artikel. Lass nach jedem Satz eine Zeile frei.
2. Bestimme mit der **Ableseprobe** die Fälle der eingesetzten Nomen. Schreibe die Fälle auf die freien Zeilen.

*Apfel*

*a) Sie schält den Apfel mit dem Sackmesser.*
*Den-Fall, Akkusativ*
*b) Die Schale …*

Du kannst die Übung wiederholen mit den Zusatzübungen 20 bis 23.

**Apfel**

a Sie schält _____ mit dem Sackmesser.

b Die Schale _____ ist wasserabweisend.

c In welchem Märchen wird _____ zum Mordinstrument?

d Aus _____ kriecht ein Wurm.

**Fliegenpilz**

a Vorsicht vor _____ , denn er ist giftig!

b Die Farbe _____ ist auffällig.

c Man erkennt _____ am roten Hut mit den weissen Punkten.

d _____ gilt wie das Kleeblatt als Glückssymbol.

**Lift**

a Ich fahre mit _____ in den obersten Stock.

b _____ bleibt ab und zu stecken.

c Nimm doch besser _____ !

d Die Türen _____ sind verschmiert.

**Unfall**

a _____ geschah auf der Hauptstrasse.

b Ich habe _____ beobachtet.

c Mit _____ habe ich nichts zu tun.

d Der Polizist befragte mich über den Hergang _____ .

Übung

# Die Akkusativform anwenden

Karte 166

Memo 9
Memo 10
Memo 17

1. Wähle einen Ort. Schreibe 12 Nomen mit dem bestimmten Artikel auf, die zu diesem Ort passen.
2. Unterstreiche alle maskulinen Nomen (Nomen mit dem Artikel **der**).
3. Wähle ein Verb und schreibe damit und mit mindestens 4 deiner Nomen einen sinnvollen Satz als Aufzählung.
4. Unterstreiche im Satz die maskulinen Nomen und ihre Artikel. Vor diesen Nomen steht im Singular (Einzahl):
   - den
   - einen
   - meinen/seinen/ihren
   - diesen
5. Schreibe mit einem anderen Verb einen weiteren Satz mit einer Aufzählung und kontrolliere die maskulinen Nomen.

*Skipiste*
*das Pistenfahrzeug, der Skilift, die Skihose, die Skijacke, der Helm, der Skistock, der Handschuh, die Bindung, der Unfall, das Tor, das Wachs, der Ski*

*Zum Skifahren benötige ich einen Helm, eine Skihose, eine Skijacke und Handschuhe.*

Du kannst die Übung wiederholen, indem du andere Orte und andere Verben wählst.

| **Orte** | |
|---|---|
| Skipiste | Garage |
| Fussballfeld | Flohmarkt |
| Supermarkt | Strassenkreuzung |
| Waldrand | Bahnhof |
| Turnhalle | Werkraum |
| Hallenbad | Baustelle |

| **Verben** | |
|---|---|
| holen | kontrollieren |
| sehen | benötigen |
| kaufen | mögen |
| fotografieren | tragen |
| suchen | haben |
| bezahlen | zeichnen |

Übung 1

## Verben und Adjektive als Nomen verwenden

Zusatzübung 24 Karte 167 bis 169

Memo 6

1. Suche zu den Sätzen im grünen Feld diejenigen Sätze im orangefarbenen Feld, die ein gleiches Wort enthalten.
2. Schreibe die beiden Sätze untereinander ab und unterstreiche die gleichen Wörter.
3. Erkläre, warum diese Wörter einmal gross- und einmal kleingeschrieben sind.

*a) Das Singen gefällt mir immer besser.*
*Meine Eltern singen im Chor.*

Du kannst die Übung wiederholen mit der Zusatzübung 24.

a Das **Singen** gefällt mir immer besser.
b Ich habe manchmal Mühe beim **Rechnen**.
c Dieses ewige **Warten** ist doch sehr langweilig.
d In dieser Hitze fällt mir das **Denken** schwer.
e Sie nahm zum **Telefonieren** ihr Handy.
f Nach dem **Streiten** hatten alle einen roten Kopf.
g Wir durften beim **Füttern** mithelfen.

Wir wollen nicht telefonieren.
Den Hamster füttern wir immer am Abend.
Meine Eltern singen im Chor.
Manchmal in der Nacht streiten die Katzen miteinander.
Kannst du das schon rechnen?
Dafür musstet ihr viel denken und aufschreiben.
Sie warten auf den Bus.

Übung 2

Zusatzübung 25 Karte 170 bis 173

Memo 6

1. Schreibe jeden Satz zweimal auf. Ersetze beim zweiten Mal das fett gedruckte Wort durch das Adjektiv in der Klammer.
2. Erkläre, warum die Adjektive grossgeschrieben werden.

Du kannst die Übung wiederholen mit der Zusatzübung 25.

*a) Viel Spektakuläres war nicht dabei.*
*Viel Spannendes war nicht dabei.*

a Viel **Spektakuläres** war nicht dabei. (spannend)
b Ich habe etwas **Merkwürdiges** gesehen. (unheimlich)
c Alles **Leichte** ist bereits verpackt. (klein)
d Ich habe das **Beste** genommen. (lang)
e Es gibt nur eine **Echte**. (richtig)
f Ich muss dir etwas **Tolles** erzählen. (unglaublich)
g Wir erlebten nichts **Unangenehmes**. (unerfreulich)

Übung 1

## Adjektive verwenden

Karte 177

Memo 11

Schreibe 10 Sätze mit je 2 Adjektiven und unterstreiche die Adjektive. Du kannst Adjektive aus der Liste oder auch andere verwenden.

Du kannst die Übung wiederholen, indem du andere Adjektive wählst.

1. Magst du gruselige, spannende Filme?
2. Vorsichtig öffnet sie die schwere Eisentüre.

**Adjektive**

| | | | | |
|---|---|---|---|---|
| altmodisch | höflich | lieb | spannend | vorsichtig |
| bläulich | kräftig | mürrisch | strubbelig | weinerlich |
| festlich | krank | riesig | stumm | wütend |
| geizig | langweilig | schwer | toll | zufrieden |
| gruselig | laut | schwierig | unfair | zuverlässig |

Übung 2

Karte 177

Memo 11

1. Schreibe 5 Sätze mit je einem Nomen aus der Liste und 2 Adjektiven, die zum Nomen gehören. Unterstreiche die Adjektive.
2. Schreibe 5 Sätze mit je einem Verb aus der Liste und 2 Adjektiven, die zum Verb gehören. Unterstreiche die Adjektive.

Adjektive beim Nomen
1. Sie kauft eine grosse, kugelförmige Blumenvase.

Adjektive beim Verb
1. Er arbeitet zuverlässig und ruhig.

Du kannst die Übung wiederholen, indem du andere Nomen und Verben wählst.

**Nomen**

| | |
|---|---|
| die Blumenvase | die Party |
| der Delfin | die Reise |
| der Filzstift | der Schlafsack |
| die Freundin | der See |
| die Haare | der Traum |
| das Kuscheltier | das Wasser |

**Verben**

| | |
|---|---|
| arbeiten | kennen |
| bringen | lachen |
| denken | sehen |
| erzählen | teilen |
| essen | verstehen |
| finden | wünschen |

Übung 1

## Adjektive erkennen

Zusatzübung 26, 27 Karte 178, 179

Memo 11

Bestimme mit der **Lückenprobe** die 12 Adjektive. Schreibe die Adjektive mit der Probe auf und unterstreiche sie.

1. das ähnliche Dingsda

Du kannst die Übung wiederholen mit den Zusatzübungen 26 und 27.

| | | | | |
|---|---|---|---|---|
| ÄHNLICH | FALLEN | GERÄUSCH | ORDNUNG | GESPRÄCHIG |
| FANTASIE | EINSAM | BISSIG | HAAR | AUCH |
| SÜDLICH | LEISE | BAUM | WÖLFLEIN | VERGNÜGT |
| SCHULE | FUSS | FARBIG | ZURÜCK | SPRECHE |
| SCHREIBT | FREI | MIT | BLUT | JEDER |
| MISSTRAUISCH | ABEND | ANGENEHM | WIEDER | FLECKIG |

Übung 2

Zusatzübung 28, 29 Karte 178, 179

Memo 11

1. Verteilt die beiden Witze untereinander und arbeitet zuerst allein. In jedem Witz kommen 9 Adjektive vor. Bestimmt sie mit der **Lückenprobe** und schreibt sie auf.
2. Erzählt einander mit Hilfe der notierten Adjektive die beiden Witze.

Du kannst die Übung wiederholen mit den Zusatzübungen 28 und 29.

### Sonne oder Mond

«Was ist für uns von grösserer Bedeutung, die Sonne oder der Mond?», fragt die Lehrerin im Unterricht.
«Ist doch logisch, der Mond ist für uns wichtiger», antwortet Tina selbstsicher.
«Warum ist das für dich so eindeutig?», will die erstaunte Lehrerin wissen.
Tina erklärt genauer: «Der Mond leuchtet in der Nacht, wenn es dunkel ist. Am Tag ist es ja sowieso hell.»

### Schwarze Tinte

Der kleine Laurin kommt zerknirscht zu seinem Vater. «Du, Vati, ist schwarze Tinte eigentlich teuer?»
«Aber nein! Im Gegenteil, mein Junge. Tinte ist billig.»
Darauf sagt Laurin verwundert: «Dann verstehe ich nicht, dass Mutti gestern so einen grossen Aufstand gemacht hat, als mir das Tintenfässchen auf den neuen, weissen Teppich gefallen ist!»

Übung 1

# Vergleichsformen bilden

Karte 180, 181

Memo 11

Vergleiche die 3 Hunde miteinander. Schreibe 8 Sätze auf wie im Beispiel und verwende die Vergleichsformen der Adjektive. Unterstreiche die Adjektive.

1. Fila hat einen kürzeren Körper als Jocko.
2. Ringo hat den dicksten Körper.
3. Die Schnauze von Jocko ist …

Du kannst die Übung wiederholen mit anderen Tierbildern, zum Beispiel aus einem Lexikon.

| | | | | | | | |
|---|---|---|---|---|---|---|---|
| auffällig | breit | buschig | dick | dunkel | dünn | gross | hell |
| klein | kurz | lang | scharf | schmal | spitz | weich | unauffällig |

*Fila*

*Ringo*

*Jocko*

Übung 2

Karte 180, 181

Memo 11

Vermute, was die Hunde alles tun und wie sie es tun könnten. Schreibe 12 Sätze auf wie im Beispiel und verwende die Vergleichsformen der Adjektive. Unterstreiche die Adjektive.

1. Fila frisst gieriger als Ringo.
2. Jocko bellt am lautesten.
3. Ringo spielt …

Du kannst die Übung wiederholen mit anderen Tierbildern, zum Beispiel aus einem Lexikon.

| Verben | |
|---|---|
| fressen | gehorchen |
| bellen | schwimmen |
| spielen | rennen |
| raufen | sein |

| Adjektive | | | |
|---|---|---|---|
| gierig | gehorsam | aggressiv | wild |
| gutmütig | scheu | kräftig | schnell |
| mutig | zutraulich | treu | unruhig |
| ausdauernd | gut | kinderfreundlich | laut |

Übung 1

## Verben als Adjektive verwenden

Zusatzübung 30 Karte 182

Memo 11

1. Bilde aus dem Verb in Klammern das Adjektiv wie im Beispiel und schreibe es zusammen mit dem Nomen auf. Unterstreiche das Adjektiv.
2. Schreibe mit 5 Nomen und dem Adjektiv je einen Satz.

Du kannst die Übung wiederholen mit der Zusatzübung 30.

*a) das gekämmte Haar*

*1. Die gekrönte Siegerin steht auf dem Siegerpodest.*

| | | |
|---|---|---|
| a das ___ Haar (kämmen) | g das ___ Bett (machen) | m das ___ Armband (knüpfen) |
| b die ___ Kartoffeln (kochen) | h der ___ Zopf (flechten) | n das ___ Fenster (putzen) |
| c der ___ Pirat (fangen) | i der ___ Saft (pressen) | o das ___ Plakat (drucken) |
| d die ___ Siegerin (krönen) | j die ___ Hose (kürzen) | p die ___ Kerze (ziehen) |
| e die ___ Mandel (brennen) | k der ___ Käse (schmelzen) | q das ___ Altpapier (binden) |
| f die ___ CD (stehlen) | l das ___ Fasnachtskleid (flicken) | r der ___ Rasen (mähen) |

Übung 2

Zusatzübung 31 Karte 182

Memo 11

Bestimme mit der **Lückenprobe** in jedem Satz das Adjektiv und schreibe es zusammen mit dem Nomen im Nominativ auf. Unterstreiche das Adjektiv und schreibe das passende Verb im Infinitiv (Grundform) in Klammern dazu.

Du kannst die Übung wiederholen mit der Zusatzübung 31.

*a) die gewaschenen Hosen (waschen)*

a Legt bitte die gewaschenen Hosen in den Plastikkorb!
b Ich ärgerte mich über die fehlenden Magnete.
c In England gibt es oft gesalzene Butter.
d In der Nacht wurden wir von zwei streitenden Katzen aufgeweckt.
e Wir konnten den Weg mit dem gezeichneten Plan ohne Probleme finden.
f Das drohende Unwetter wird uns auf der Heimfahrt in Schwierigkeiten bringen.
g Für diesen Kuchen brauchst du gemahlene Haselnüsse.
h Der Anblick der weidenden Schafherde erinnerte uns an ein Bild im Museum.
i Die ausgebreiteten Steine glänzen in der Sonne.
j Mit einem gewinnenden Lächeln konnte mich meine Freundin zum Zeitschriftentausch überreden.
k Der gestrickte Schal kratzt an meinem Hals.
l Das geliehene Badekleid habe ich schon zurückgebracht.

Übung 1

## Pronomen verwenden

Zusatzübung 32 · Karte 186, 187

Memo 12

Lies den Text. Lies ihn nochmals und setze dabei anstelle des Hundes eine Katze ein. Das ergibt auch Veränderungen bei verschiedenen Pronomen. Schreibe den Text so auf.

Du kannst die Übung wiederholen mit der Zusatzübung 32.

> Der Hund geniesst die Sonne. Er liegt an seinem Lieblingsplatz und streckt sich. Er gähnt. Dann schleckt er sich seine Pfote ab. Wenn man ihn ruft, spitzt er seine Ohren, doch er lässt sich nicht von seinem Sonnenplatz weglocken. Alle, die ihn kennen, sehen, dass es ihm gut geht.

Übung 2

Zusatzübung 33 · Karte 186, 187

Memo 12

1. Lies die Sätze. Überlege, auf welches Wort in der Klammer sich die unterstrichenen Pronomen beziehen.
2. Schreibe die Sätze ab und darunter mit zwei Leerzeilen Abstand die Wörter in Klammern. Verbinde die unterstrichenen Wörter mit den passenden Nomen.

Du kannst die Übung wiederholen mit der Zusatzübung 33.

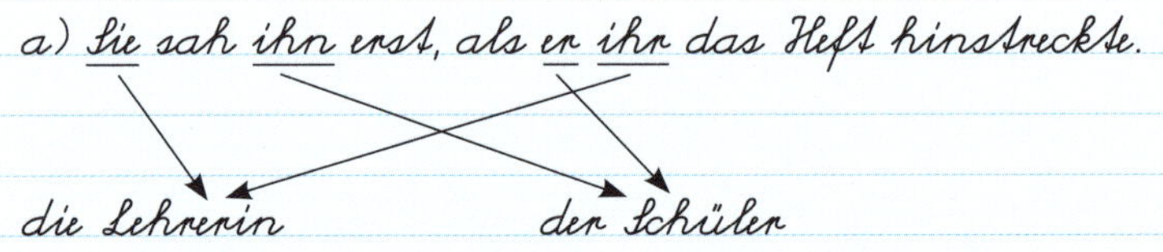


| | |
|---|---|
| a | Sie sah ihn erst, als er ihr das Heft hinstreckte. (die Lehrerin, der Schüler) |
| b | Es war neu und gefiel ihr, da sie mit ihm viel leichter bergauf fahren konnte. (die Sekretärin, das Elektrovelo) |
| c | Es dachte wehmütig an sie, weil es ihm ohne sie langweilig wurde. (das Mädchen, die Kollegin) |
| d | Er fuhr gerade an ihr vorbei, als ihm klar wurde, dass er sie nun leider verpasst hatte. (die Tankstelle, der Chauffeur) |
| e | Er gab es ihr, obwohl er sie nicht kannte. (das Paket, die Nachbarin, der Postbote) |
| f | Ihr gefiel sie nicht, obwohl er sie wegen ihr neu gekauft hatte. (die Mütze, die Tante, der Onkel) |

Übung

# Sätze in verschiedenen Satzarten bilden

Karte 188 bis 190

Memo 14

Schreibe zu 12 Personen in Sprech- oder Denkblasen auf, was sie sagen oder denken könnten. Achte darauf, dass du neben Aussagesätzen mindestens 2 Fragesätze und 2 Ausrufe- oder Befehlssätze aufschreibst. Beachte die Satzregel.

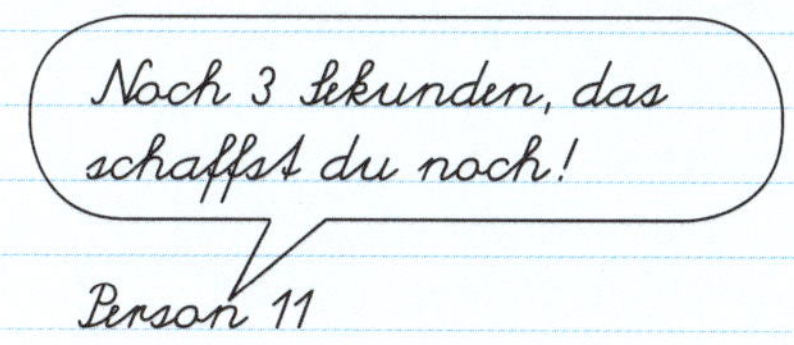


Du kannst die Übung wiederholen, indem du andere Personen wählst. Du kannst auch nur Fragesätze oder nur Befehlssätze verwenden.

Übung

# Mit dem Satzbauplan Sätze bilden

kleine Klebezettel, halbiert   Karte 191 bis 193

Memo 15

1. Wähle aus den beiden Feldern **Wer oder was?** und **Verb** je ein Wort aus und schreibe jedes Wort auf einen Klebezettel. Klebe die Zettel in den Satzbauplan an die passenden Stellen.
2. Wähle 3 W-Fragen aus, schreibe die Antworten je auf einen Klebezettel und klebe sie in den Satzbauplan.
3. Wähle eine passende Reihenfolge für die Klebezettel und klebe den Satz auf. Passe die Verbform an. Notiere unter jeden Klebezettel die passende Frage.
4. Schreibe auf diese Weise 6 Sätze.

Du kannst die Übung wiederholen, indem du andere Wörter und andere Fragen wählst.

**Wer oder was?**

| | |
|---|---|
| der Fussgänger | der Lastwagen |
| die Musikerin | der Wecker |
| der Trainer | die Fledermaus |
| die Verkäuferin | der Papagei |

**Verb (... macht was?)**

| | |
|---|---|
| läuten | schlafen |
| sitzen | fahren |
| erzählen | warten |
| lächeln | lärmen |

**W-Fragen**

- Wer oder was?
- Wen oder was?
- Wem?
- Mit wem?
- Womit?
- Bei wem?
- Von wem?
- Wie?
- Wo?
- Wohin?
- Woher?
- Wann?
- Wie oft?
- Wie lange?
- Seit wann?
- Bis wann?
- Wozu?
- Weshalb?

**Satzbauplan für Aussagesätze**

| **1. Stelle** | **2. Stelle** | **3. Stelle (und zusätzliche Stellen)** | **letzte Stelle** |
| --- | --- | --- | --- |
| W-Frage | Verb | W-Fragen | Zusatz zum Verb |
| die Musikerin | erzählt | heute Morgen | |
| | | vom gestrigen Konzert | |
| | | begeistert | |
| | | | |
| | | | |

Die Fragen der 1. und 3. Stelle können ausgetauscht werden.

An der 1. Stelle kann nur **eine Frage** beantwortet werden.

| | | | | |
| --- | --- | --- | --- | --- |
| begeistert | erzählt | die Musikerin | heute Morgen | vom gestrigen Konzert. |
| Wie? | Verb | Wer? | Wann? | Wovon? |

Übung

# Einen Text mit den Satzproben überarbeiten

Zusatzübung 34 Karte 194 bis 202

Memo 16

Mit den Satzproben können beim Überarbeiten von Texten verschiedene Sätze «ausprobiert» werden, bis man die besten Sätze für den Text gefunden hat.

1. Lest den Text und überprüft gemeinsam jeden Satz mit den 4 Proben.
2. Wird der Satz bei dieser Überprüfung interessanter, genauer oder passt er besser mit den anderen Sätzen zusammen?
3. Entscheidet euch für die besten Sätze und schreibt den Text so Satz für Satz auf. Schreibt auch einen passenden Titel dazu.

Du kannst die Übung wiederholen mit der Zusatzübung 34.

**Ersatzprobe**
Wo kann ein Wort oder eine Wortgruppe durch einen treffenderen Ausdruck ersetzt werden?

**Verschiebeprobe**
Welche Wörter oder Wortgruppen können verschoben werden, um die Wichtigkeit zu betonen?

**Erweiterungsprobe**
Wo kann man Wörter oder Wortgruppen hinzufügen, um etwas genauer zu beschreiben?

**Weglassprobe**
Welche Wörter oder Wortgruppen sind unnötig und können weggelassen werden?

**Kurznachricht**

a Viele Menschen hatten letzte Nacht eine unruhige Nacht.

b Es gab ein heftiges Gewitter.

c Einige Leute wachten immer wieder auf.

d Einige Leute machten sich Sorgen, dass es Überschwemmungen geben könnte.

e Es wurde glücklicherweise niemand verletzt.

f Es gab ziemlich viel Sachschaden.

Übung 1

## Sätze mit Aufzählungen bilden

Zusatzübung 35, 36 Karte 203

Memo 17
Memo 9

Ergänze die angefangenen Aufzählungen mit je mindestens 4 weiteren Nomen. Verwende vor dem letzten Nomen das Wort **und**.

Du kannst die Übung wiederholen mit den Zusatzübungen 35 und 36 oder mit eigenen Sätzen.

a) Zu den Singvögeln gehören die Amseln, verschiedene Meisen, der Buchfink, die Lerche, das Rotkehlchen und der Spatz.

a Zu den Singvögeln gehören die Amseln, …
b In meinem Einkaufskorb sind zwei Flaschen Mineralwasser, …
c Im Kühlschrank hat es Eier, …
d Zu den Zitrusfrüchten gehören Mandarinen, …
e Auf dieser Wiese wachsen Klee, …
f Zu den Elektrogeräten gehören Fernsehapparat, …

Übung 2

Zusatzübung 37, 38 Karte 203

Memo 17

1. Lies das Beispiel und löse die beiden anderen Rätsel.
2. Schreibe die beiden Rätsel so auf, dass alle Informationen in einem Satz aufgezählt und mit Kommas voneinander abgetrennt werden.

Du kannst die Übung wiederholen mit den Zusatzübungen 37 und 38.

Welches Gemüse ist das?
Dieses Gemüse ist meistens grün, wächst nahe am Boden, hat viele Blätter, ist etwa so gross wie ein Kopf und wird fast immer mit einer Sauce gegessen. (der Kopfsalat)

**Welches Gemüse ist das?**

Dieses Gemüse ist meistens grün. Es wächst nahe am Boden. Es hat viele Blätter. Es ist etwa so gross wie ein Kopf. Es wird fast immer mit einer Sauce gegessen.

**Welches Gemüse ist das?**

Dieses Gemüse ist knackig. Es wird oft als Zutat in Saucen gebraucht. Es passt zu fast allen anderen Gemüsen. Es wird meistens ganz klein gehackt. Es hat mehrere Schalen. Es brennt beim Schneiden in den Augen.

**Welche Frucht ist das?**

Diese Frucht ist süss und kugelrund. Sie wird dunkelrot oder fast schwarz. Sie wächst fast immer zu zweit an einem Baum. Sie ist etwa so gross wie ein grosses Bonbon. Sie hat einen langen Stiel. Sie enthält einen Stein.

Übung 1

## Sätze verbinden

Zusatzübung 39 Karte 204, 205

Memo 18

1. Verbinde die Sätze miteinander und schreibe den Satz mit den beiden Teilsätzen auf. In den Teilsätzen nach den Verknüpfungswörtern **weil**, **obwohl**, **wenn** und **als** musst du die Wörter umstellen, damit der Satz stimmt. Wende die Kommaregel an.
2. Markiere das Komma und das Verknüpfungswort.
3. Erfinde zu den beiden Sätzen c und d selber je 2 Sätze und verbinde die beiden Teilsätze mit **weil**, **obwohl**, **wenn** oder **als**.

Du kannst die Übung wiederholen mit der Zusatzübung 39.

*a) Er war aufgeregt, weil sie ihn filmten.*

a Er war aufgeregt.
- Sie filmten ihn. (weil)
- Er hat dieses Lied schon so viele Male geübt. (obwohl)
- Er dachte an seinen Auftritt. (wenn)

b Sie fürchtete sich fast nie.
- Sie war abends allein in der Wohnung. (wenn)
- Sie war noch ein kleines Mädchen. (obwohl)
- Sie war sehr mutig. (weil)

c Er wurde ganz rot im Gesicht.

d Wir lachten laut.

Übung 2

Karte 204, 205

Memo 18

1. Wähle zu jedem Satz ein Verknüpfungswort und ergänze einen Teilsatz. Schreibe den Satz mit den beiden Teilsätzen auf und setze das Komma richtig. Verwende in jedem Satz wenn möglich ein anderes Verknüpfungswort.
2. Markiere das Komma und das Verknüpfungswort.

Du kannst die Übung wiederholen, indem du für die Sätze andere Verknüpfungswörter wählst.

*a) Sie schlafen noch nicht, obwohl sie sehr müde sind.*

**Verknüpfungswörter**

| | | | |
|---|---|---|---|
| als | aber | weil | dann |
| wenn | darum | obwohl | damit |

| | |
|---|---|
| a Sie schlafen noch nicht. | f Das Wasser im Aquarium ist schmutzig. |
| b Er spielt gerne Klavier. | g Vor der Haustüre brennt ein Licht. |
| c Diese Geschichte ist sehr eigenartig. | h Ich kaufe eine Briefmarke. |
| d Sie schaut so blass aus. | i Der Kühlschrank ist leer. |
| e Wir flüstern im Treppenhaus. | j Er braucht Hilfe. |

Übung

# Mit Teilsätzen Personen genauer beschreiben

Karte 206

Memo 18

Beschreibe 8 Figuren auf dem Bild wie im Beispiel und setze die Kommas richtig.

Du kannst die Übung wiederholen, indem du 8 andere Figuren wählst.

1. Der Knabe, der die Zunge rausstreckt, steigt soeben vom Pferd. (Figur 9)
2. Die Frau, die ________, ________.
3. Das Mädchen, das ________, ________.

Übung 1

## Satzzeichen bei direkter Rede richtig setzen

Schreibstifte in 3 verschiedenen Farben, Lineal | Zusatzübung 40 bis 42 | Karte 207 bis 209

Memo 19

1. Lies den Witz halblaut mit 3 verschiedenen Stimmen (Erzählerin oder Erzähler, Touristen, Angestellte).
2. Schreibe den Text ab und verwende für jede Stimme eine andere Farbe.
3. Unterstreiche die Begleitsätze und schreibe hinter jede direkte Rede je nach Stellung des Begleitsatzes eine 1, 2 oder 3.
4. Setze die Redezeichen richtig ein.

Du kannst die Übung wiederholen mit den Zusatzübungen 40 bis 42.

| ① Begleitsatz **vor** der direkten Rede | ② Begleitsatz **nach** der direkten Rede | ③ Begleitsatz **innerhalb** der direkten Rede |
|---|---|---|
| Begleitsatz : „ ▬ . “ | „ ▬ “ , Begleitsatz . | „ ▬ “ , Begleitsatz , „ ▬ . “ |
| Begleitsatz : „ ▬ ? “ | „ ▬ ? “ , Begleitsatz . | „ ▬ “ , Begleitsatz , „ ▬ ? “ |
| Begleitsatz : „ ▬ ! “ | „ ▬ ! “ , Begleitsatz . | „ ▬ “ , Begleitsatz , „ ▬ ! “ |

### Zimmersuche

Die erschöpften Touristen fragen: Haben Sie ein Zimmer?
Wir haben hundertzwanzig Zimmer, antwortet die Angestellte.
Die Touristen freuen sich: Das ist ja grossartig!
Die Zimmer, entgegnet die Angestellte, sind leider alle besetzt!

Übung 2

Karte 207 bis 209

Memo 19

Wähle 2 Dialoge und schreibe sie dreimal mit Begleitsätzen auf. Achte darauf, dass die Begleitsätze immer an anderen Stellen stehen.

Du kannst die Übung wiederholen, indem du 2 andere Dialoge wählst.

| | |
|---|---|
| a Kommst du? – Ja, sofort! | d Hilfst du mir? – Ja, gleich! |
| b Ich gehe. – Wann? | e Schau, hier! – Wo? |
| c Komm zurück! – Warum? | f Das gefällt mir. – Mir auch. |

a) Rhea fragt: „Kommst du?"
Theo antwortet: „Ja, sofort!"

„Kommst du?", fragt Rhea.
„Ja, sofort", antwortet Theo.

Rhea fragt: „Kommst du?"
„Ja, sofort!", antwortet Theo.

Übung 1

## Direkte Reden in einen Text einbauen

Karte 210 bis 212

Memo 19

Schreibe den Text ab und ergänze die Lücken mit 3 passenden direkten Reden. Achte auf die korrekte Zeichensetzung.

Du kannst die Übung wiederholen, indem du andere direkte Reden einfügst.

### Der Fuchs und der Esel

Ein Esel warf einmal eine Löwenhaut über sich. Er dachte: _____ Danach stolzierte er mit der Löwenhaut durch den Wald und schrie: «Iah, iah! _____
Alle erschraken, nur der Fuchs nicht.
Er höhnte: _____

**Direkte Reden**

Jetzt bin ich endlich der König der Tiere.
Puh, dieses Fell stinkt.
Jetzt will ich einmal alle anderen Tiere erschrecken.
Verschwindet, bevor ich euch fresse!
Wer mir nicht gehorcht, wird gefressen!
Wer möchte mit mir kämpfen?
Ist dir nicht schon heiss unter deiner Maskerade?
Oh, Herr Löwe! Wie kommt es, dass Sie heute wie ein Esel tönen?
Kaum zu glauben, du bist und bleibst ein Esel.

Übung 2

Karte 210 bis 212

Memo 2
Memo 6

1. Wähle zum Bild eine Situation und bestimme, wer die beiden Personen sind.
2. Erfinde einen Dialog und schreibe ihn auf. Verwende in den Begleitsätzen passende Verben. Achte auf die korrekte Zeichensetzung.

Du kannst die Übung wiederholen, indem du eine andere Situation wählst.

**Situationen**

- Morgens vor der Schule
- Beim Einkaufen
- Zufällige Begegnung auf der Strasse

**Verben für die Begleitsätze**

| | | | |
|---|---|---|---|
| sagen | meinen | bemerken | sich wundern |
| erklären | fragen | wiederholen | antworten |
| erwidern | befehlen | flüstern | murmeln |
| murren | stöhnen | jammern | schreien |
| entgegnen | behaupten | rufen | brüllen |

# Trainingsziele Rechtschreibung

| Grundlagen Rechtschreibung | Üben und überprüfen |
|---|---|
| 1 Ich finde bei Rechtschreibschwierigkeiten passende Rechtschreibhilfen. | Seite 112, 113 |
| 2 Ich arbeite regelmässig mit passenden Übungen an meinen eigenen Rechtschreibfehlern und schreibe immer weniger Wörter falsch. | Seite 114–117 |
| 3 Ich finde mich im Wörterbuch leicht zurecht. | Seite 118, 119 |

| Rechtschreibregeln | Üben und überprüfen |
|---|---|
| 4 Ich erkenne Wörter mit gleichem Wortstamm und schreibe sie richtig. | Seite 120 |
| 5 Ich schreibe Wörter mit Umlauten richtig. | Seite 121 |
| 6 Ich erkenne kurze, betonte Vokale. | Seite 122 |
| 7 Ich schreibe Wörter mit Doppelkonsonanten richtig. | Seite 123, 124 |
| 8 Ich schreibe Wörter mit langem **i** richtig. | Seite 125, 126 |
| 9 Ich trenne Wörter richtig. | Seite 127 |
| 10 Ich beachte die Regeln zur Grossschreibung. | Seite 91, 95, 101<br>Karte 241–243 |

| Weitere Rechtschreibthemen | | Üben und überprüfen |
|---|---|---|
| 11 | Ich schreibe Wörter mit **VER** und **VOR** richtig. | Seite 128 |
| 12 | Ich unterscheide ähnlich geschriebene Wörter je nach Bedeutung und schreibe sie richtig. | Seite 129 |
| 13 | Ich schreibe Wörter mit einem langen Vokal richtig. | Karte 248, 249 |
| 14 | Ich schreibe die Laute **V**, **X**, und **Z** in verschiedenen Wörtern richtig. | Karte 250–252 |

| Rechtschreibregeln zu Satzzeichen | Üben und überprüfen |
|---|---|
| Trainingsziele findest du im Teil Grammatik. | Seite 81 |

viel schreiben – viel lesen – viel schreiben – viel lesen – viel schreiben – viel lesen – viel schreiben – viel lesen – viel schreiben – viel lesen – viel schreiben – viel lesen – viel schreiben – viel lesen – viel schreiben – viel lesen – viel schreiben – viel lesen – viel schreiben – viel lesen – viel schreiben – viel lesen – viel schreiben – viel lesen – viel schreiben – viel lesen – viel schreiben

**Auf eigene Rechtschreiberfahrungen zurückgreifen**

Sich an eigene Korrekturen und Überarbeitungen erinnern

**Das Wort nachschlagen**

Zum Beispiel im Schülerduden oder in der eigenen Lernkartei

**Schreibe, wie du sprichst**

Wörter genau aussprechen und genau hinhören – Memo 1

**Überprüfen, ob das Wort nach einer Regel geschrieben wird**

- Kürzeregel – Memo 4
- ie-Regel – Memo 5
- Regeln zur Grossschreibung – Memo 6
- Regeln zur Silbentrennung – Memo 2

esen – viel schreiben – viel lesen – viel schreiben – viel lesen – viel schreiben – viel lesen – viel schreiben – viel lesen – viel schreiben – viel lesen – viel schreiben – viel lesen – viel schreiben – viel lesen – viel schreiben – viel lesen – viel schreiben – viel lesen – viel schreiben – viel lesen – viel schreiben – viel lesen – viel schreiben – viel lesen – viel schreiben – viel lesen – viel schreib

## Wörter vergleichen oder verändern

Memo 3

- Nach verwandten Wörtern suchen (l**äu**ten – l**au**t – Gel**äu**te, schwi**mm**en – geschwo**mm**en)
- Nach ähnlichen Wörtern suchen (**ver**gessen – **ver**trauen, **ih**n – **ih**m, Mü**ck**e – Brü**ck**e)
- Wörter verlängern (Lan**d** – Län**d**er, lie**b** – lie**b**en)

## Jemanden fragen

Zum Beispiel Lernpartnerin, Lehrer, Geschwister

## Genau kontrollieren

- Jedes Wort halblaut, langsam und genau lesen
- Den Text Wort für Wort mit der Vorlage vergleichen

## Ein Computerprogramm zu Hilfe nehmen

Zum Beispiel das Word-Rechtschreibprogramm

## Sich auf das eigene Gefühl verlassen

Wörter in zwei Varianten aufschreiben: Was sieht besser oder «richtiger» aus?

# Einzelne Wörter richtig schreiben

Hier findest du 4 Vorschläge, um ausgewählte Wörter zu üben.

**Blind schreiben**

1. Schreibe das Wort dreimal auf.
2. Schreibe das Wort dreimal mit geschlossenen Augen auf.
3. Vergleiche die Wörter und kontrolliere sie mit der Vorlage.

**Worttreppe**

1. Nimm ein Blatt ohne Linien oder Kästchen und schreibe alle Buchstaben des Wortes von oben nach unten auf.
2. Schreibe das Wort wie im Beispiel waagrecht auf jede Zeile.
3. Kontrolliere, ob du alle Wörter richtig geschrieben hast.

nämlich
nämlich
nämlich
nämlich
nämlich
nämlich
nämlich

**Wortversteck**

1. Verteile alle Buchstaben des Wortes durcheinander fünfmal in die Kästchen eines karierten Papiers.
   Arbeite in der nächsten Trainingsstunde weiter.
2. Suche das Wort fünfmal, indem du Buchstabe für Buchstabe in der richtigen Reihenfolge durchstreichst. Schreibe das Wort jeweils auf, wenn du alle Buchstaben für ein Wort gefunden hast.
3. Kontrolliere, ob du alle Wörter richtig geschrieben hast.

| | | | | | | | |
|---|---|---|---|---|---|---|---|
| ~~R~~ | I | R | ~~E~~ | H | I | R | H |
| H | R | E | I | E | E | ~~I~~ | E |
| E | ~~H~~ | E | R | ~~E~~ | I | H | E |
| E | | | | | | | |

REIHE

**Wortlücken**

1. Schreibe das Wort fünfmal mit Bleistift auf und lass dabei jeweils an einer anderen Stelle einen oder mehrere Buchstaben aus.
   Arbeite in der nächsten Trainingsstunde weiter.

   *zie__lich*
   *zi__mlich*
   *zieml__ch*
   *ziem__*
   *__mlich*

2. Überschreibe jedes Wort mit Tinte und ergänze die fehlenden Buchstaben.
3. Kontrolliere, ob du alle Wörter richtig geschrieben hast.

# Wörterportionen richtig schreiben (1)

Hier findest du 4 Vorschläge, um Wörter aus Wörtersammlungen zu üben.

**Wörterportionen-Sätze**

Schreibe mit den Wörtern einer Wörterportion einen oder mehrere Sätze. Unterstreiche in den Sätzen die Wörter der Wörterportion und kontrolliere sie mit der Vorlage.

**Wörter-Kim**

1. Merke dir 10 Wörter. Schreibe sie auswendig auf und kontrolliere sie mit der Vorlage.
2. Mache dasselbe noch zweimal mit je 10 anderen Wörtern.
3. Erinnere dich an alle 30 Wörter und schreibe möglichst viele nochmals auswendig auf. Kontrolliere die Wörter mit der Vorlage.

**Wörterfiguren**

Zeichne ohne abzusetzen mit einer Linie eine einfache Figur. Schreibe auf diese Linie die Wörter der Wörterportion.

**Scherenschnittwörter**

1. Nimm ein quadratisches Blatt und schreibe alle Wörter der Wörterportion gross auf.
2. Falte das Quadrat mehrmals und schneide einen grosszügigen Scherenschnitt aus.
3. Öffne das Blatt und lege es flach auf ein anderes Blatt. Ergänze die Wörter, so dass alle wieder vollständig sind.
4. Nimm den Scherenschnitt vom Blatt weg und vervollständige die Wörter auf dem unteren Blatt.

# Wörterportionen richtig schreiben (2)

### Schüttelwörter

1. Faltet beide ein A4-Blatt dreimal, damit 8 gleich grosse Felder entstehen.
2. Schreibt für die andere Person aus deren Wörterportion in jedes Feld ein Schüttelwort wie im Beispiel auf und markiert jeweils den ersten Buchstaben farbig.
3. Tauscht die Blätter und schreibt die Wörter darunter richtig auf.
4. Kontrolliert die Lösungen gegenseitig mit der Vorlage.

### Wörterplatz

**Durchgang 1**

1. Faltet ein A4-Blatt viermal, so dass 16 gleich grosse Teile entstehen. Zerreisst oder zerschneidet das Papier in 16 kleine Zettel.
2. Wählt beide 8 Wörter aus, die ihr üben wollt, und schreibt sie auf je einen Zettel. Kontrolliert die Wörter mit der Vorlage.
3. Mischt die 16 Zettel und legt sie in der Form eines A4-Blattes aus. Merkt euch die Wörter und merkt euch, in welchem Feld sie liegen.
4. Faltet beide nochmals ein A4-Blatt in 16 Teile. Geht damit an einen anderen Ort und schreibt dort auswendig möglichst viele Wörter ins richtige Feld auf. Dreimal dürft ihr zurückgehen und nachschauen.
5. Kontrolliert gemeinsam, wer mehr Wörter richtig und ins richtige Feld geschrieben hat.

**Durchgang 2**

6. Mischt die Zettel und legt sie nochmals neu aus. Merkt euch die Wörter und schreibt sie auf der Rückseite eures Blattes ins richtige Feld.
7. Kontrolliert gemeinsam, wer mehr Wörter richtig und ins richtige Feld geschrieben hat.

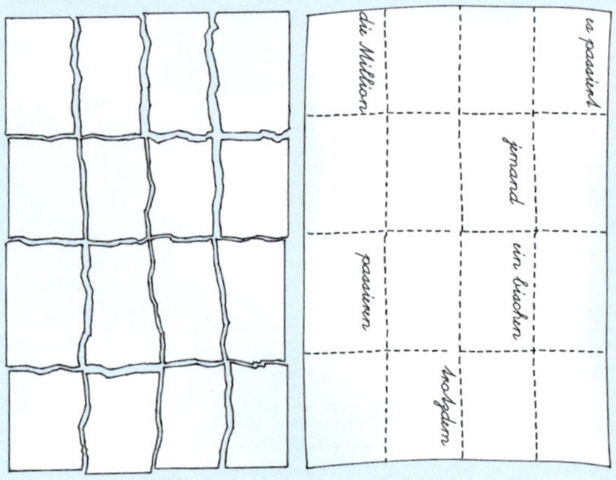

# Kurze Texte richtig schreiben

Hier findest du 4 Vorschläge, um Diktattexte zu üben.

**Wanderdiktat**

1. Lege die Textvorlage 15 Schritte von deinem Arbeitsplatz entfernt hin. Merke dir den ersten Satz oder Satzteil.
2. Gehe an deinen Arbeitsplatz zurück und schreibe ihn auswendig auf.
3. Wandere immer wieder zwischen deinem Arbeitsplatz und der Textvorlage hin und her und schreibe den Text stückweise auswendig auf.
4. Kontrolliere den Text mit der Vorlage.

**Zeilendiktat**

1. Schreibe den Text ab. Lass nach jeder vollen Zeile 2 Zeilen leer.
2. Kontrolliere den Text mit der Vorlage.
3. Lies die erste Zeile des abgeschriebenen Textes und merke dir den Text. Lege den Massstab oder das Etui auf die Zeile und schreibe den Text auf die leere Zeile nochmals auf. Kontrolliere die Zeile mit der Vorlage.
4. Schreibe so den Text Zeile um Zeile auf.

**Selbstdiktat**

1. Erstelle eine Tonaufnahme des Textes. Lies den Text langsam und deutlich vor und mache nach jedem Satz oder längeren Satzteil eine kurze Pause.
2. Höre den Text und schreibe ihn Satz für Satz auf.
3. Kontrolliere den Text mit der Vorlage.

**Diktatkommentar**

1. Lies dir den ersten Satz oder Satzteil halblaut vor und benenne die Besonderheiten.
   **Die Blätter fallen von den Bäumen.**

   ***Blätter*** *ist der Plural von Blatt und hat darum ein Ä,* ***fallen*** *hat zwei L,* ***Bäumen*** *schreibt man mit ÄU, weil das Wort im Singular Baum heisst,* ***Die*** *schreibt man gross, weil das Wort am Satzanfang steht.*

2. Lies den Satz nochmals und schreibe ihn auswendig auf. Kontrolliere ihn mit der Vorlage.
3. Mache dasselbe mit den anderen Sätzen.

# Sich im Wörterbuch orientieren

**Schritte zum Nachschlagen**

1. Bestimme immer zuerst die Grundform zum Wort, das du suchst.
2. Stell dir vor, wie das Wort geschrieben wird. Suche beim Anfangsbuchstaben des Wortes im Wörterbuch ein Kopfwort, das am Anfang 2 bis 3 gleiche Buchstaben hat wie das gesuchte Wort.
3. Lies das vorangehende und das nachfolgende Kopfwort. Hat eines dieser Kopfwörter noch mehr gleiche Buchstaben? Orientiere dich so lange an den Kopfwörtern, bis du sicher bist, zwischen welchen beiden Kopfwörtern das Wort steht. Suche das Wort auf diesen beiden Seiten.
4. Wenn du das Wort nicht findest, kann es sein, dass es anders geschrieben wird. Schreibe das Wort in Gedanken anders und suche es nochmals.

**Abc** Das Abc findest du oben auf den Wörterbuchseiten oder am Rand auf der rechten Seite.

**A B C D E F G H I J K L M N O P Q R S T U V W X Y Z**

**Kopfwörter** stehen in der Kopfzeile einer Wörterbuchseite. Ein Kopfwort nennt das erste Wort und das letzte Wort auf einer Seite oder Doppelseite.

**Stichwörter** heissen die fettgedruckten Wörter auf jeder Wörterbuchseite. Zu jedem Stichwort findest du in der Regel verschiedene Informationen.

Übung

Wörterbuch Karte 213 bis 216

1. Schreibt je einzeln die Buchstaben des Abc als Liste untereinander auf. Sucht im Wörterbuch zu jedem Buchstaben ein **Kopfwort**, das ihr versteht, und schreibt es neben den Buchstaben.
2. Tauscht eure Listen. Sucht die Kopfwörter im Wörterbuch und schreibt das andere Kopfwort derselben Seite oder Doppelseite daneben.
3. Lest alle Kopfwörter. Unterstreicht diejenigen Wörter, die ihr nicht versteht. Sucht die Wörter im Wörterbuch. Findet ihr eine Erklärung?

Du kannst die Übung wiederholen, indem du andere Kopfwörter suchst.

# Wörter im Wörterbuch finden

## Wörtersuche

Bestimmt miteinander ein Wort. Sucht das Wort in euren Wörterbüchern. Wer es zuerst findet, erhält einen Punkt. Wer hat nach 10 Wörtern am meisten Punkte?

## Wörterjagd

1. Faltet beide ein A6-Blatt der Länge nach. Sucht im Wörterbuch je 10 Wörter und schreibt sie untereinander in die linke Spalte. Schreibt in der rechten Spalte die Seiten dazu, wo die Wörter zu finden sind.
2. Faltet das Blatt so nach hinten, dass die Seitenzahlen nicht mehr sichtbar sind, und tauscht die Blätter.
3. Sucht die Wörter im Wörterbuch und schreibt die Seitenzahlen neben die Wörter.
4. Faltet die Blätter wieder auf und kontrolliert die Seitenzahlen.

## Vorsilbenrennen

1. A und B wählen je eine andere Vorsilbe, zum Beispiel:
   **ein-  aus-  ver-  vor-  er-**
   Sucht im Wörterbuch, wo Wörter mit der gewählten Vorsilbe stehen.
2. A nennt 2 Wörter mit dieser Vorsilbe. B sagt, welches dieser beiden Wörter **zuerst** im Wörterbuch steht, A kontrolliert. Für jede richtige Antwort gibt es einen Punkt.
3. Tauscht nach 6 Wortpaaren die Rollen.

## Kopfwörtergrenzen

1. A sucht im Wörterbuch eine Doppelseite mit Kopfwörtern, die A versteht. A diktiert B diese beiden Wörter und kontrolliert nachher, ob die Wörter richtig geschrieben sind.
2. A nennt der Reihe nach 5 Wörter aus dem Wörterbuch. B überlegt, ob das Wort
   - **vor** dem ersten Kopfwort,
   - **zwischen** den beiden Kopfwörtern oder
   - **nach** dem zweiten Kopfwort steht.
3. Tauscht die Rollen und wiederholt die Übung.

Übung 1

# Wortstämme erkennen

Zusatzübung 1 Karte 217 bis 223, 154

Memo 3

Von den 4 Wörtern enthalten 3 den gleichen Wortstamm. Schreibe die 3 Wörter mit dem gleichen Wortstamm ab und kreise den Wortstamm ein.

a) viele, vielleicht, die Vielfalt

Du kannst die Übung wiederholen mit der Zusatzübung 1.

| a | b | c | d |
|---|---|---|---|
| viele | der Tau | hauptsächlich | die Beschreibung |
| er fiel | aufgetaut | behaupten | vorschreiben |
| vielleicht | getraut | der Häuptling | schreien |
| die Vielfalt | es taut | der Schauplatz | abschreiben |

| e | f | g | h |
|---|---|---|---|
| allein | die Eiche | die Gefahr | bezahlen |
| alt | bleich | das Farnkraut | die Zahl |
| alle | die Eichel | gefahren | der Zahnarzt |
| der Alltag | die Steineiche | fahrlässig | zählen |

| i | j | k | l |
|---|---|---|---|
| gruselig | geschnitten | krampfen | stehlen |
| begrüssen | der Schritt | der Kampf | die Bestellung |
| der Gruss | der Schnitt | kämpferisch | die Stelle |
| ihr grüsst | sie zerschnitt | bekämpfen | aufgestellt |

Übung 2

Zusatzübung 2 Karte 217 bis 223, 154

Memo 3

Immer 2 Wörter haben den gleichen Wortstamm. Schreibe die Wortpaare nebeneinander auf und kreise den Wortstamm ein.

verlassen, auslassen

Du kannst die Übung wiederholen mit der Zusatzübung 2.

| | | | | |
|---|---|---|---|---|
| verlassen | er hastete | die Milch | rasend | der Hase |
| sorgfältig | das Mass | fassen | die Rast | die Verbesserung |
| beschönigen | sie lasen | der Pack | rasen | das Häschen |
| die Hoffnung | gelesen | hoffentlich | milchig | versorgen |
| der Pausenhof | rasten | der Bahnhof | verfasst | auslassen |
| ausbessern | mässig | hastig | die Schönheit | eingepackt |

Übung 1

# Die Umlautregel anwenden

Zusatzübung 3, 4 | Karte 224

Memo 3

Suche zu jedem Wort ein verwandtes Wort mit **A** oder **AU**. Schreibe die beiden Wörter nebeneinander auf. Kreise die Wortstämme ein und markiere die Vokale im Wortstamm.

zwei Häuser, ein Haus
verlässlich, verlassen

Du kannst die Übung wiederholen mit den Zusatzübungen 3 und 4.

| | | | |
|---|---|---|---|
| zwei Häuser | ein Häschen | zählen | das Tässlein |
| verlässlich | zwei Täubchen | träumen | bäumig |
| zwei Läuse | die Bäuerin | männlich | zwei Hände |
| schäumen | städtisch | drei Blätter | schälen |
| ländlich | versäumen | die Äpfel | mässig |

Übung 2

Wörterbuch | Zusatzübung 5, 6 | Karte 224

Memo 3

1. Schreibe die Wörter ab und ergänze die Lücken mit **Ä/E** oder **ÄU/EU**. Schreibe zu den Wörtern mit **Ä** oder **ÄU** ein verwandtes Wort mit **A** oder **AU** dazu.
2. Kontrolliere die Wörter mit dem Wörterbuch.

der Berg
viele Träume, der Traum

Du kannst die Übung wiederholen mit den Zusatzübungen 5 und 6.

| | | | |
|---|---|---|---|
| der B___rg | der B___ndel | ein B___tel | ein M___slein |
| viele Tr___me | die K___rze | zwei R___nder | einige B___me |
| das Sch___fchen | die Sch___re | die Seel___te | der Verk___fer |
| das Z___lt | das Gespr___ch | ein M___ppchen | das R___tsel |

Übung 1

## Betonte und kurze Vokale finden

Zusatzübung 7, 8 Karte 225 bis 229

Memo 1

1. Lies die Wörter mehrmals halblaut. Welcher der beiden Vokale wird betont?
2. Erstelle eine Tabelle und schreibe die Wörter in die richtige Spalte.

Du kannst die Übung wiederholen mit den Zusatzübungen 7 und 8.

| erster Vokal betont | zweiter Vokal betont |
|---|---|
| faltig | versucht |

| | | | |
|---|---|---|---|
| versucht | glänzend | vernünftig | bissig |
| faltig | die Mappe | der Verlust | gemacht |
| bitter | komisch | erzählt | der Verstand |
| gewusst | wütend | kleben | der Besen |
| das Paket | der Schlitten | zerstört | das Kamel |
| das Gespräch | die Flasche | die Schwester | bekannt |

Übung 2

Zusatzübung 9, 10 Karte 225 bis 229

Memo 1

1. Suche die Wörter mit einem kurzen, betonten Vokal und schreibe sie untereinander auf.
2. Tausche bei jedem dieser Wörter den betonten Vokal aus, so dass ein neues, sinnvolles Wort entsteht. Schreibe das Wort dazu.

listig, lustig
die Kisten, ...

Du kannst die Übung wiederholen mit den Zusatzübungen 9 und 10.

| | | | |
|---|---|---|---|
| listig | das Harz | die Bücher | der Ritter |
| die Mode | necken | die Welle | der Dackel |
| die Kisten | die Locken | der Nagel | bücken |
| das Schloss | die Stirn | lesen | die Tante |

Übung

# Wörter mit Doppelkonsonanten suchen

Wörterbuch Karte 230 bis 232

Memo 1

1. Bilde aus den Wortteilen 15 Wörter und schreibe sie untereinander auf. Setze unter jeden betonten, kurzen Vokal einen Punkt.
2. Suche zu möglichst vielen Wörtern ein Reimwort und schreibe es auf. Kontrolliere die Reimwörter mit dem Wörterbuch.

hoffen, getroffen
der Kamm, das Lamm

Du kannst die Übung wiederholen, indem du aus den Wortteilen weitere Wörter bildest.

| | | |
|---|---|---|
| Fl / fl | **amm** | e |
| H / h | **eck** | en |
| K / k | **enn** | end |
| St / st | **ick** | er |
| | **ock** | ig |
| | **off** | t |

## Doppelhoppel

Memo 4

**Material:** Wörterbuch, Uhr
**Anzahl Spielende:** 2 (A und B)

**Spielablauf**

– A und B wählen gemeinsam einen Doppelkonsonanten aus. Während 5 Minuten schreiben sie je einzeln möglichst viele Wörter mit dem gewählten Doppelkonsonanten auf. Dazu darf das Wörterbuch benutzt werden.

– Danach vergleichen und kontrollieren A und B ihre Wörter. Alle Wörter, die nicht richtig geschrieben sind, werden gestrichen.

**Spielziel**

Gewonnen hat, wer nach der Kontrolle am meisten Wörter übrig hat.

| | |
|---|---|
| ff | ll |
| mm | nn |
| pp | tz |
| rr | ss |
| tt | ck |

Übung 1

# Die Kürzeregel anwenden

Wörterbuch Zusatzübung 11, 12 Karte 233, 234

**Memo 4**

1. Schreibe alle Wörter ab und ergänze die Lücken mit **s** oder **ss**. Beachte die Kürzeregel. Setze unter die kurzen, betonten Vokale einen Punkt. Wenn du unsicher bist, schau im Wörterbuch nach.
2. Schreibe 5 Sätze und verwende dabei möglichst viele Wörter mit kurzen, betonten Vokalen.

Du kannst die Übung wiederholen mit den Zusatzübungen 11 und 12.

| **s oder ss** | | | | |
|---|---|---|---|---|
| | das Ki___en | die Kla___e | beschlo___en | der Be___en |
| | die Va___e | das Wa___er | be___er | der Ha___e |
| | die Ka___e | der E___el | der Ri___ | die Ta___e |
| | fre___en | der Bo___ | ra___en | wi___en |

Übung 2

Zusatzübung 13, 14 Karte 233, 234

**Memo 4**

Erstelle eine Tabelle und schreibe die Wörter in die richtige Spalte.

Du kannst die Übung wiederholen mit den Zusatzübungen 13 und 14.

*Doppelkonsonant wegen der Kürzeregel*

| *stimmt* | *stimmt nicht* |
|---|---|
| *die Hoffnung* | *das Fahrrad* |
| *brennen* | *die Strasse* |

*Das a klingt lang.*

*rr weil zwei Wörter zusammengesetzt werden: fahren und Rad.*

| | | | |
|---|---|---|---|
| das Fah**rr**ad | der Se**ss**el | sü**ss** | fü**tt**ern |
| die Ho**ff**nung | der Verkehr**ss**tau | die Wan**dd**icke | die Ra**tt**e |
| bre**nn**en | vie**ll**eicht | der Nage**ll**ack | verla**ss**en |
| die Stra**ss**e | verschlie**ss**en | die Rega**ll**änge | aufpa**ss**en |
| der Schla**mm** | der Te**ll**er | der Lö**ff**el | die Bu**ss**tation |
| ein bi**ss**chen | au**ff**angen | die Re**tt**ung | hä**ss**lich |

Übung

# Wörter mit ie kennen

Karte 235 bis 237

Memo 5

Lies die Verben und schreibe mit 6 Verben je einen Satz.

Du kannst die Übung wiederholen, indem du andere Verben wählst.

*kontrollieren: Die Schülerin kontrolliert ihre Arbeit.*

kontrollieren · pressieren · präsentieren · nummerieren · diskutieren · dekorieren · reklamieren · frieren · trainieren · korrigieren · spazieren · marschieren · formulieren · probieren · organisieren · radieren · buchstabieren · studieren

## ie-Sammlung

Memo 5

**Material:** Papier, Wörterbuch, Uhr
**Anzahl Spielende:** 2 (A und B)

**Spielablauf**

- A und B erstellen je eine Tabelle mit 6 Spalten wie im Beispiel.
- Während 5 Minuten schreiben sie je einzeln mit den Anfangsbuchstaben möglichst viele ie-Wörter in die richtigen Spalten. Dazu darf das Wörterbuch benutzt werden.
- Danach vergleichen und kontrollieren A und B ihre Wörter. Alle Wörter, die nicht richtig geschrieben sind, werden gestrichen. Auch alle Wörter, die beide aufgeschrieben haben, werden gestrichen.

**Spielziel**

Gewonnen hat, wer nach der Kontrolle am meisten Wörter übrig hat.

| U/u | K/k | R/r | S/s | L/l | T/t |
|---|---|---|---|---|---|
| | | | | | |

Übung 1

## Wörter mit langem betontem i erkennen

Zusatzübung 15 Karte 238 bis 240

Memo 5

1. Erstelle eine Tabelle und schreibe die Wörter in die richtige Spalte. Achte auf das lange betonte i.
2. Schreibe 5 Sätze mit ie-Wörtern.

| Wörter mit ie | Wörter mit ih | Wörter mit i |
|---|---|---|
| das Ziel | ihnen | du gibst |
| | | |

Du kannst die Übung wiederholen mit der Zusatzübung 15.

| | | | | |
|---|---|---|---|---|
| das Ziel | schmieren | viel | gefrieren | das Riesenrad |
| ihnen | ziemlich | die Mandarine | ihr | sie |
| du gibst | die Fliege | das Reptil | ihretwegen | das Spielzeug |
| der Flieder | ihm | beliebt | verdienen | die Rosine |
| vier | der Dienstag | das Skirennen | das Fieber | ihre |

Übung 2

Zusatzübung 16 Karte 238 bis 240

Memo 5

1. Lies die Sätze halblaut. Höre bei den fett markierten **i** genau hin, ob das i lang oder kurz klingt.
2. Erstelle eine Tabelle und schreibe die Wörter in die richtige Spalte. Was fällt dir bei den Wörtern mit langem i auf?

| langes i | kurzes i |
|---|---|
| sie | Irland |
| fliegt | |

Du kannst die Übung wiederholen mit der Zusatzübung 16.

a S**ie** fl**ie**gt nach **I**rland.
b Sie hat m**i**r **ih**r Cello noch n**ie** gezeigt.
c Sie wollte das Sp**ie**l n**i**cht verl**ie**ren.
d T**i**na l**ie**ss s**i**ch d**ie** Schuhe b**i**nden.
e Das Vent**i**l an der Masch**i**ne **i**st w**ie**der gefl**i**ckt.
f Tr**i**nkt ihr l**ie**ber M**i**lch oder B**ie**r?
g W**i**r haben h**ie**r z**ie**mlich v**ie**le T**ie**re.
h Auf dem Klav**ie**r s**i**tzt ein gestr**i**cktes N**i**lpferd.
i Mandar**i**nen und Clement**i**nen gehören zu L**i**sas L**ie**blingsfrüchten.
j Sie musste ihr Kn**ie** oper**ie**ren.

Übung 1

# Trennungsregeln anwenden

liniertes Schreibblatt  Karte 244 bis 246

Memo 2

1. Wähle einen Schnellsprechvers und lies ihn fünfmal durch, jedes Mal etwas schneller.
2. Falte ein liniertes Schreibblatt in Spalten, die weniger als 2 cm breit sind.
3. Schreibe den Schnellsprechvers mit Silbentrennung in eine Spalte. Trenne möglichst viele Wörter und schreibe jede Silbe auf eine neue Linie.
4. Lies den Schnellsprechvers auf dem Blatt dreimal möglichst schnell.

Du kannst die Übung wiederholen, indem du einen anderen Schnellsprechvers wählst.

Auf dem Rasen rasen Hasen, atmen rasselnd durch die Nasen.

Zwischen zwei Zwetschgenbaumzweigen sitzen zwei zwitschernde Spatzen.

Es klapperten die Klapperschlangen, bis die Klappern schlapper klangen.

Wenn neunzehn heulende Teufel ums Feuer tanzen, schauen neunundneunzig neugierige Leute zu.

Übung 2

A5-Blatt, Zettel, Wörterbuch  Karte 244 bis 246

Memo 2

1. Faltet je ein A5-Blatt in 4 Felder und beschriftet die Felder auf der Vorder- und Rückseite wie im Beispiel. Sucht im Wörterbuch für jedes Feld 8 Wörter und schreibt sie mit Silbentrennung ins passende Feld.
2. Korrigiert die Wörter gegenseitig und lasst sie nachher von der Lehrperson korrigieren.
3. Schreibt die 32 Wörter ohne Silbentrennung je auf einen Zettel.
4. Tauscht die Zettel und schreibt die Wörter mit Silbentrennung auf die Rückseite eures Blattes.
5. Kontrolliert eure Wörter mit der Vorlage auf der Vorderseite.

Du kannst die Übung wiederholen, indem du andere Wörter wählst.

| 1 Silbe | 2 Silben |
| --- | --- |
| plus | mo-geln |
| **3 Silben** | **4 Silben** |
| die Mög-lich-keit | der Mit-tel-fin-ger |

Übung

# Wörter mit VER und VOR richtig schreiben

Wörterbuch Karte 253

1. Suche im Wörterbuch je 5 Verben mit den Vorsilben **VER** oder **VOR** und schreibe sie auf.

2. Schreibe mit 6 Verben je einen Satz.
   Unterstreiche die Vorsilben **VER** oder **VOR**.

verstecken: Er hat sich in der Baumhütte versteckt.

Du kannst die Übung wiederholen, indem du andere Verben wählst.

## Vorsilbenwürfeln

**Material:** Würfel
**Anzahl Spielende:** 2 (A und B)

**Spielablauf**
A beginnt und würfelt. Eine gerade Zahl bedeutet **VER**, eine ungerade Zahl bedeutet **VOR**.
A wählt ein Verb aus, das zur erwürfelten Vorsilbe passt, schreibt es auf und sagt damit einen Satz. Danach ist B an der Reihe.

**Spielziel**
Das Spiel endet, wenn jemand zur erwürfelten Vorsilbe kein neues Verb mehr aufschreiben kann.

| | | | |
|---|---|---|---|
| haben | stellen | packen | singen |
| suchen | jammern | dienen | stehen |
| setzen | schlafen | schliessen | tragen |
| geben | sammeln | bohren | kaufen |
| fahren | treten | lassen | halten |
| kommen | wenden | nehmen | bestellen |
| raten | machen | rechnen | führen |
| schreiben | legen | lesen | zeigen |

Übung 1

## Ähnlich geschriebene Wörter unterscheiden

Zusatzübung 17 Karte 254 bis 258

1. Suche in den 5 Sätzen die 2 Wörter, die gleich oder ähnlich tönen, aber unterschiedlich geschrieben werden. Schreibe die beiden Wörter auf.
2. Schreibe mit jedem Wortpaar mit Bleistift einen neuen Satz. Radiere die Wörter, die gleich oder ähnlich tönen, aus und gib die Lückensätze jemandem zum Ergänzen.

a) wahr, war
Es ist wahr, die Frau war gestern auch im Schwimmbad.

Du kannst die Übung wiederholen mit der Zusatzübung 17.

| | |
|---|---|
| a | Ist es wirklich wahr, dass gestern eine Polizistin in der Schule war? |
| b | Man sieht am Dienstag oft einen Mann, der mit einem Blumenstrauss auf den Bus wartet. |
| c | Ich bin seit zwei Stunden im Schwimmbad, wo seid ihr? |
| d | Ich werde ihm sagen, dass ich im Restaurant auf dich warte. |
| e | Es fiel allen auf, dass sie viel geübt hatte. |

Übung 2

Wörterbuch Karte 254 bis 258

Wähle 5 Wortpaare aus. Schreibe mit jedem Wortpaar einen Satz. Benutze als Hilfe das Wörterbuch.

Man merkte, dass der Mann müde war.

Du kannst die Übung wiederholen, indem du 5 andere Wortpaare wählst.

| | | | |
|---|---|---|---|
| der Mann – man | isst – ist | wahr – war | ihn – in |
| ihm – im | denn – den | dass – das | viel – fiel |
| seid – seit | mehr – das Meer | ein Paar – ein paar | mahlen – malen |
| wenn – wen | die Waise – die Weise | nahmen – Namen | wieder – wider |
| der Biss/biss – bis | der Tod – tot | kam – der Kamm | kann – der Kahn |
| die Miene – die Mine | der Stiel – der Stil | die Seite – die Saite | lehren – leeren |

# Lernen und Wiederholen mit Spiel- und Übungsformen

**Lesen**

| Spiel- und Übungsform | Ziel | Trainingsbuch | Trainingskartei |
|---|---|---|---|
| Lesesprint | Flüssig lesen | Seite 8 | |
| Lesetandem | Flüssig lesen | Seite 10 | |
| Lesestafette | Flüssig lesen | Seite 12 | |
| Einen Text zu zweit selbstständig lesen | Texte lesen und verstehen | Seite 30 | |
| Einen Text zu dritt selbstständig lesen | Texte lesen und verstehen | Seite 32 | |

**Schreiben**

| Spiel- und Übungsform | Ziel | Trainingsbuch | Trainingskartei |
|---|---|---|---|
| Stilmittelrennen | Ausführlich schreiben | | Karte 87 |
| Betonton | Inhalte in Sätzen besonders betonen | | Karte 88 |
| Gut gebrüllt | Treffende Verben wählen | | Karte 92 |
| Abc-Rennen | Passende Wörter suchen | | Karte 93 |
| Stadtwörter | Passende Wörter suchen | | Karte 93 |

**Grammatik**

| Spiel- und Übungsform | Ziel | Memo | Trainingsbuch | Trainingskartei |
|---|---|---|---|---|
| Verben versenken | Vergangenheitsformen bilden | Memo 8 | Seite 88 | |
| Zeitdetektive | Verschiedene Zeitformen erkennen | Memo 8 | | Karte 150<br>Karte 151 |
| Verbenrad | Verschiedene Zeitformen bilden | Memo 8 | | Karte 152 |
| Gehen & Co. | Verben mit gleicher Bedeutung finden | | | Karte 155 |
| Sagen & Co. | Verben mit gleicher Bedeutung finden | | | Karte 156 |
| Pluralvielfalt | Pluralformen bilden | Memo 9 | | Karte 161 |
| Schnappfälle | Nomen in die richtigen Fälle setzen und Fälle bestimmen | Memo 10 | | Karte 163 |
| Adjektivparcours | Vergleichsformen bilden | Memo 11 | | Karte 180 |
| | Vergleichsformen von Gegenteilen bilden | Memo 11 | | Karte 181 |
| Satzartenlotto | Satzarten erkennen | Memo 14 | | Karte 188 |
| Satzzeichen im Kreis | Sätze in verschiedenen Satzarten bilden | Memo 14 | | Karte 189 |
| Satzprobenlotto | Proben zur Textüberarbeitung erkennen und anwenden | Memo 16 | | Karte 201<br>Karte 202 |
| Teilsätzelotto | Sätze verbinden | Memo 18 | | Karte 204 |

## Rechtschreibung

| Spiel- und Übungsform | Ziel | Memo | Trainings-buch | Trainings-kartei |
|---|---|---|---|---|
| Blind schreiben<br>Worttreppe<br>Wortversteck<br>Wortlücken | Einzelne Wörter richtig schreiben | | Seite 114 | |
| Wörterportionen-Sätze<br>Wörter-Kim<br>Wörterfiguren<br>Scherenschnittwörter | Wörterportionen richtig schreiben | | Seite 115 | |
| Schüttelwörter<br>Wörterplatz | | | Seite 116 | |
| Wanderdiktat<br>Zeilendiktat<br>Selbstdiktat<br>Diktatkommentar | Kurze Texte richtig schreiben | | Seite 117 | |
| Wörtersuche<br>Wörterjagd<br>Vorsilbenrennen<br>Kopfwörtergrenzen | Wörter im Wörterbuch finden | | Seite 119 | |
| Wortfamilien würfeln | Wörter mit gleichem Wortstamm erkennen | Memo 3 | | Karte 219<br>Karte 220 |
| Wörtersammlung | Wörter bilden mit Wortstämmen, Vorsilben und Endungen | Memo 3 | | Karte 222 |
| Lang-Kurz-Slalom | Lange und kurze Vokale unterscheiden | Memo 1 | | Karte 228<br>Karte 229 |
| Doppelhoppel | Wörter mit Doppelkonsonanten suchen | Memo 4 | Seite 123 | |
| Sag warum! | Die Kürzeregel anwenden | Memo 4 | | Karte 233 |
| Doppel-Run | Die Kürzeregel anwenden | Memo 4 | | Karte 234 |
| ie-Sammlung | Wörter mit ie kennen | Memo 5 | Seite 125 | |
| -ieren-Sammlung | Wörter mit ie kennen | Memo 5 | | Karte 235 |
| Vorsilbenwürfeln | Wörter mit VER und VOR richtig schreiben | | Seite 128 | |

## Memo 1 Laute und Buchstaben

Gesprochene Wörter bestehen aus **Lauten**.

Geschriebene Wörter bestehen aus **Buchstaben**.

Laute und Buchstaben werden unterteilt in **Vokale** und **Konsonanten**.

| **Laute** | **Buchstaben** |
|---|---|
| «D» «E» «R» «W» «A» «L» | der Wal |
| «SCH» «I» «K» «E» «N» | schicken |
| «D» «U» «M» | dumm |

| | |
|---|---|
| **Vokale** | a, e, i, o, u, y, ä, ö, ü |
| **Konsonanten** | b, c, d, f, g, h, j, k, l, m, n, p, q, r, s, t, v, w, x, (y), z |

## Memo 2 Silben und Trennungsregeln

Wörter bestehen aus **Silben**.
Jede Silbe enthält mindestens einen Vokal.

| | |
|---|---|
| **Einsilbige Wörter** | dick, Lärm, oft |
| **Zweisilbige Wörter** | se\|hen, Bau\|er, ei\|lig |
| **Mehrsilbige Wörter** | be\|ur\|tei\|len, vor\|sich\|tig |

Rechtschreibregel

| **Regeln zur Silbentrennung** | |
|---|---|
| 1 Wörter werden am Zeilenende zwischen den Silben getrennt. | schau-en, der Ro-bo-ter, wun-der-bar |
| 2 Zusammengesetzte Wörter und Wörter mit Vorsilben werden in ihre Bestandteile zerlegt. | die Back-ofen-tür, hell-blau, der Ab-schluss, sie ver-steht |
| 3 Bei zwei oder mehreren Konsonanten gehört immer der **zweite** oder der **letzte** Konsonant zur nächsten Silbe. | die Ärz-tin, freund-lich, stamp-fen, die Hit-ze<br>! wir kön-nen, sie konn-ten |
| 4 **ck**, **ch** und **sch** bleiben immer zusammen. | die Brü-cke, die Sa-che, zwi-schen |
| 5 Einsilbige Wörter werden nicht getrennt. | der Wald, er schaut, gut |
| 6 Einzelne Vokale am Wortanfang werden nicht abgetrennt. | der Abend, ewig, oben |

## Memo 3 Wortstamm und Wortstammregel

Jedes Wort hat einen **Wortstamm**.

Vor dem Wortstamm können **Vorsilben**, nach dem Wortstamm **Endungen** stehen.

Wörter mit dem gleichen Wortstamm bilden eine **Wortfamilie**.

**Wortfamilie FAHR**

| | |
|---|---|
| **Wortstamm** | Fahr los! |
| **Vorsilbe, Wortstamm** | Gefahr |
| **Wortstamm, Endung** | fahren |
| | du fährst |
| **Vorsilben, Wortstamm, Endung** | abgefahren |
| | gefährlich |
| **Wortstamm, Wortstamm** | Fahrplan |

### Umlautregel

Rechtschreibregel

Ein Wort wird mit **ä** oder **äu** geschrieben statt mit e oder eu, wenn es ein verwandtes Wort aus der gleichen Wortfamilie mit **a** oder **au** gibt.

| | |
|---|---|
| die Nächte | (von Nacht) |
| die Tänzerin | (von tanzen) |
| das Gebäude | (von bauen) |
| läuten | (von laut) |

### Wortstammregel

Rechtschreibregel

Der Wortstamm wird in allen Wörtern einer Wortfamilie gleich geschrieben.

**Wortstammbaum der Wortfamilie KOCH**

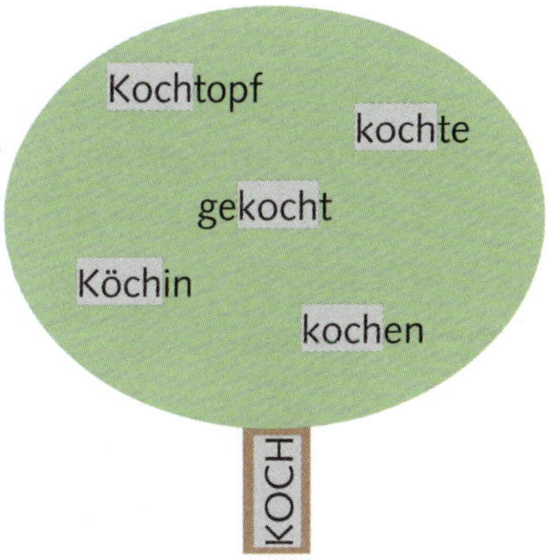


**Wortstammbaum der Wortfamilie FLIESS**

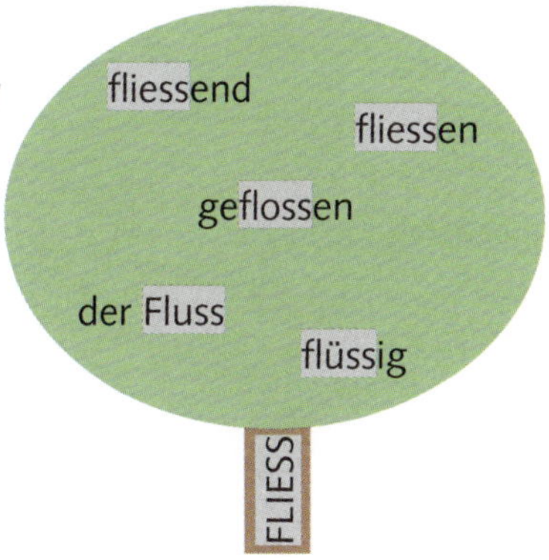


! Der Vokal eines Wortstamms kann sich ändern, die Konsonanten bleiben gleich.

## Memo 4 Kürzeregel

**Rechtschreibregel**

| | |
|---|---|
| Nach einem **kurzen betonten Vokal** folgen **mindestens zwei Konsonanten**. | bald, denken, die Schwester, singen, der Morgen, der Sumpf, gesund |
| Wenn nach einem kurzen betonten Vokal **nur ein Konsonant** hörbar ist, wird er beim Schreiben **verdoppelt** (Doppelkonsonant). | knapp, das Wasser, rennen, schnell, bitten, der Löffel, stumm, der Herr |
| Zwei Konsonanten werden auf spezielle Art verdoppelt:<br>**k** wird **ck**<br>**z** wird **tz** | <br><br>einpacken, die Ecke, flicken, zurück<br>die Matratze, sitzen, plötzlich |

**!** Es gibt Wörter, bei denen Konsonanten nach einem kurzen betonten Vokal **nicht verdoppelt** werden. Das sind vor allem kurze Wörter und Fremdwörter.

ab, hat, bin, drin, in, mit, ob, um

das Tram, der Chef, der April

**!** Es gibt Wörter, bei denen der Konsonant **s** verdoppelt wird, obwohl der vorangehende Vokal lang ist.

die Strasse, draussen, heiss

schliesslich, süss, der Fuss, gross

**Lerntipp**
Diese Wörter musst du dir einprägen. Nützlich dazu ist das **Memo 3** zum Wortstamm.

**Memo 5**

## Wörter mit langen Vokalen und ie-Regel

**Lerntipp**
Diese Wörter musst du dir einprägen. Nützlich dazu ist das **Memo 3** zum Wortstamm.

Für die Schreibweise von langen Vokalen gibt es **keine** einheitliche Regel.

Lange Vokale werden manchmal

- verdoppelt, — das Haar, der See, leeren, doof
- mit h verlängert, — zählen, der Fehler, kühl, froh
- gar nicht angezeigt. — brav, eben, der Boden, lesen

**ie-Regel** (Rechtschreibregel)

Ein langes betontes **i** wird meistens mit **ie** geschrieben.

der Brief, die Fantasie, gefrieren, liegen, niemals, riesig, viel, wie

**!** Bei folgenden Wörtern wird das lange betonte i nicht mit ie geschrieben:

**Wörter mit i** — dir, mir, wir, du gibst, er gibt, sie ging, die Maschine, die Krise, das Benzin

**Pronomen mit ih** — ihm, ihn, ihnen, ihr, ihre, ihrem, ihren, ihres

**Wörter mit der Endung -ine** — die Maschine, die Lawine, die Kabine, die Mandarine

**Lerntipp**
Diese Wörter musst du dir einprägen. Nützlich dazu ist das **Memo 3** zum Wortstamm.

## Memo 6 Regeln zur Grossschreibung

| Rechtschreibregel | |
|---|---|
| Mit grossem Anfangsbuchstaben werden geschrieben: | |
| **Nomen** Memo 9 | der Ball, die Freude, das Licht |
| **Eigennamen** | Sandro, Altdorf, das Rote Meer |
| **Wörter**, die **als Nomen** gebraucht werden: | |
| • **Verben** mit Artikel und nach den Wörtern: beim, vom, zum, im, ins, mit, ohne, durch, … | Das Turnen auf dem Sportplatz gefällt mir am besten. Beim Rennen komme ich schnell ins Schwitzen. |
| • **Adjektive** mit Artikel ohne nachfolgendes Nomen und nach den Wörtern: etwas, viel, wenig, genug, allerlei, nichts | Das Interessanteste an dieser Stunde war, dass wir selber Experimente durchführen konnten. Dazu gibt es allerlei Lustiges zu erzählen. |
| **Anfänge von Titeln und Satzanfänge** Memo 14 | Auf dem Falkenschloss<br>Jonas und seine Schwester Johanna interessieren sich sehr fürs Mittelalter. In einer verfallenen Burg lernen sie einen Archäologen kennen. |
| **Nach einem Doppelpunkt** Memo 19 | Ich schrie: «Hoppla!» |
| **Höfliche Anrede** in **Briefen** oder **E-Mails** und in Texten mit **direkter Rede** (Höflichkeitsform) | Bitte geben Sie mir so bald als möglich Bescheid. Ich danke Ihnen und grüsse Sie freundlich.<br>Ronja erkundigt sich: «Ist das Ihr Hund? Darf ich ihn streicheln oder haben Sie etwas dagegen?» |

## Memo 7 Verb

| | |
|---|---|
| Verben beschreiben | |
| **Handlungen** (was jemand tut), | Melanie bastelt. Die Schnecke frisst Salat. |
| **Vorgänge** (was geschieht) und | Die Musik dröhnt aus dem Lautsprecher. Es regnet. |
| **Zustände** (was ist). | Die drei Koffer wiegen 20 kg. Peter ist krank. |
| Zu jedem Verb gibt es einen **Infinitiv** (Grundform). | basteln, fressen, dröhnen, regnen, wiegen, sein |
| ! Im Wörterbuch stehen die Verben im Infinitiv. Den Infinitiv findest du, wenn du den Satz mit **können** formulierst. | Sie pfiff ein Lied. → Sie kann ein Lied **pfeifen**.<br>Es ist dunkel. → Es kann dunkel **sein**. |

Verben können in verschiedenen **Personalformen** stehen.

| | **Singular** (Einzahl) | **Plural** (Mehrzahl) |
|---|---|---|
| **1. Person** | **ich** lache | **wir** lachen |
| **2. Person** | **du** lachst | **ihr** lacht |
| **3. Person** | **er/sie/es** lacht | **sie** lachen |

Verben können in verschiedenen **Zeitformen** stehen.

| | | |
|---|---|---|
| **Präsens** | ich lache | sie schwimmt |
| **Präteritum** | ich lachte | sie schwamm |
| **Perfekt** | ich habe gelacht | sie ist geschwommen |
| **Plusquamperfekt** | ich hatte gelacht | sie war geschwommen |
| **Futur** | ich werde lachen | sie wird schwimmen |

**Verben erkennen**

| | |
|---|---|
| **Ich-du-wir-Probe**<br>Kann man das Wort in die Personalformen setzen? | ich schlafe, du schläfst, wir schlafen |
| **Vergangenheitsprobe**<br>Kann man das Wort in die Vergangenheitsformen setzen? | suchen, ich suchte, ich habe gesucht<br>**Kurzform**: suchen, suchte, gesucht<br><br>gehen, ich ging, ich bin gegangen<br>**Kurzform**: gehen, ging, gegangen |

**Memo 8**

# Zeitformen des Verbs

Die Zeitformen des Verbs sagen, **wann** etwas gemacht wird, geschieht oder ist.

Das Perfekt und das Plusquamperfekt werden mit den **Hilfsverben** «**sein**» oder «**haben**» gebildet, das Futur mit dem **Hilfsverb** «**werden**».

**Zeitstrahl der Zeitformen**

| **Vergangenheit** | |
|---|---|
| «vor» früher / «vor» gestern | früher / gestern |
| **Plusquamperfekt** | **Präteritum oder Perfekt** |
| Vor langer Zeit hatte sie Federball gespielt. | Dann spielte sie Fussball.<br>(Dann hat sie Fussball gespielt.) |
| Nachdem er nach Genf gefahren war, | fuhr er weiter nach Frankreich.<br>(ist er weiter nach Frankreich gefahren.) |

Im **Plusquamperfekt** steht, was in der Vergangenheit **vorher** geschehen war.

Im **Präteritum** oder im **Perfekt** steht, was **früher oder vorher** geschehen ist.

**Plusquamperfekt**

| | |
|---|---|
| ich **hatte** gespielt | ich **war** gefahren |
| du **hattest** gespielt | du **warst** gefahren |
| er/sie/es **hatte** gespielt | er/sie/es **war** gefahren |
| wir **hatten** gespielt | wir **waren** gefahren |
| ihr **hattet** gespielt | ihr **wart** gefahren |
| sie **hatten** gespielt | sie **waren** gefahren |

**Präteritum**

| | |
|---|---|
| ich spielte | ich fuhr |
| du spieltest | du fuhrst |
| er/sie/es spielte | er/sie/es fuhr |
| wir spielten | wir fuhren |
| ihr spieltet | ihr fuhrt |
| sie spielten | sie fuhren |

**Perfekt**

| | |
|---|---|
| ich **habe** gespielt | ich **bin** gefahren |
| du **hast** gespielt | du **bist** gefahren |
| er/sie/es **hat** gespielt | er/sie/es **ist** gefahren |
| wir **haben** gespielt | wir **sind** gefahren |
| ihr **habt** gespielt | ihr **seid** gefahren |
| sie **haben** gespielt | sie **sind** gefahren |

| **Gegenwart** | **Zukunft** |
|---|---|
| jetzt / heute | später / morgen |

| **Präsens** | **Futur** |
|---|---|
| Heute spielt sie Basketball. | Morgen wird sie vielleicht Tennis spielen. |
| Heute fährt er in die Berge. | Morgen wird er wieder nach Hause fahren. |

Im **Präsens** steht, was **gerade jetzt** geschieht.

Im **Futur** steht, was **später** geschehen wird.

| **Präsens** | | **Futur** | |
|---|---|---|---|
| ich spiele | ich fahre | ich **werde** spielen | ich **werde** fahren |
| du spielst | du fährst | du **wirst** spielen | du **wirst** fahren |
| er/sie/es spielt | er/sie/es fährt | er/sie/es **wird** spielen | er/sie/es **wird** fahren |
| wir spielen | wir fahren | wir **werden** spielen | wir **werden** fahren |
| ihr spielt | ihr fahrt | ihr **werdet** spielen | ihr **werdet** fahren |
| sie spielen | sie fahren | sie **werden** spielen | sie **werden** fahren |

Memo 9

## Nomen

Nomen sind Namen für

**Lebewesen** (Menschen, Tiere, Pflanzen), — der Löwe, die Turnerin, das Gras

**sichtbare** Dinge oder — der Stuhl, die Suppe, das Velo

**unsichtbare** «Dinge». — der Gestank, die Freude, das Geheimnis

Zu jedem Nomen passt ein **Artikel** (Begleiter):
**der** oder ein, **die** oder eine, **das** oder ein.

**der** Vater, **die** Mutter, **das** Kind
**ein** Vater, **eine** Mutter, **ein** Kind

Nomen haben ein Geschlecht.
Der Artikel zeigt das Geschlecht des Nomens an:

| | | |
|---|---|---|
| **Maskulinum** | (männliches Nomen) | der |
| **Femininum** | (weibliches Nomen) | die |
| **Neutrum** | (sächliches Nomen) | das |

| **Maskulinum** | **Femininum** | **Neutrum** |
|---|---|---|
| **der** Mann | **die** Frau | **das** Kind |
| **der** Mond | **die** Lampe | **das** Telefon |
| **der** Gedanke | **die** Angst | **das** Geräusch |

Nomen können im **Singular** (Einzahl) und im **Plural** (Mehrzahl) stehen.

| **Singular** | **Plural** |
|---|---|
| **der** Traum | **die** Träume |
| **diese** Tasche | **viele** Taschen |
| **ein** Huhn | **einige** Hühner |

**Nomen erkennen**

**Der-die-das-Probe**
Gehört zu diesem Wort ein Artikel
(**der**, **die** oder **das**)?

der Wind
die Schachtel
das Glück

**Nomenregel** Memo 6 Rechtschreibregel

Nomen werden mit grossem Anfangsbuchstaben geschrieben.

der **S**chlamm, die **S**chönheit, das **E**rgebnis,
die **S**chülerinnen, wenige **F**otos, vier **L**öcher

## Memo 10 Fallformen des Nomens

Nomen können in **vier Fallformen** stehen.

| | | |
|---|---|---|
| **Nominativ** | (Der-Fall oder Wer-Fall) | Der Tisch steht mitten im Zimmer. |
| **Akkusativ** | (Den-Fall oder Wen-Fall) | Selina deckt den Tisch. |
| **Dativ** | (Dem-Fall oder Wem-Fall) | Auf dem Tisch stehen vier Gläser. |
| **Genitiv** | (Des-Fall oder Wes-Fall) | Ein Bein des Tisches wackelt. |

### Fälle erkennen

**Ableseprobe**
Bei maskulinen Nomen im Singular kann man am bestimmten **Artikel ablesen**, in welchem Fall das Nomen in einem Satz steht.

| | **Maskulinum** | **Femininum** | **Neutrum** |
|---|---|---|---|
| **Nominativ** | **der** Finger | **die** Luft | **das** Kabel |
| **Akkusativ** | **den** Finger | **die** Luft | **das** Kabel |
| **Dativ** | **dem** Finger | **der** Luft | **dem** Kabel |
| **Genitiv** | **des** Fingers | **der** Luft | **des** Kabels |

**Ersatzprobe**
Bei den anderen Nomen hilft die Ersatzprobe. Ersetze das Nomen im Satz durch irgendein **maskulines** Nomen mit dem **bestimmten** Artikel.

Beispiele von maskulinen Nomen für die Ersatzprobe:
der Ball, der Esel, der Stein

Mir gefällt die Farbe.
Mir gefällt **der** Esel. (→ **Nominativ**)

Ich kaufe dieses Buch.
Ich kaufe **den** Esel. (→ **Akkusativ**)

Er hilft den Kindern.
Er hilft **dem** Esel. (→ **Dativ**)

Die Mutter meiner Freundin ist nett.
Die Mutter **des** Esels ist nett. (→ **Genitiv**)

**Frageprobe**
In welchem Fall ein Nomen in einem Satz steht, kann man auch mit Hilfe von Fragen bestimmen.

| | |
|---|---|
| **Wer oder was?** | **Nominativ** |
| **Wen oder was?** | **Akkusativ** |
| **Wem?** | **Dativ** |
| **Wessen?** | **Genitiv** |

Die Katze verschwindet hinter dem Haus.
**Wer** verschwindet hinter dem Haus? Die Katze (→ **Nominativ**)

Ich sehe das Riesenrad schon von weitem.
**Wen oder was** sehe ich? Das Riesenrad (→ **Akkusativ**)

Der Tierpfleger gibt der Löwin Futter.
**Wem** gibt der Tierpfleger Futter? Der Löwin (→ **Dativ**)

Die Farbe der neuen Hose ist knallblau.
**Wessen** Farbe ist knallblau? Der neuen Hose (→ **Genitiv**)

Memo 11

# Adjektiv

Adjektive beschreiben

wie jemand oder etwas **ist**,

wie jemand etwas **macht** oder

wie etwas **geschieht**.

Dumme Fragen gibt es nicht.

Sie klettert höher als alle anderen.

Langsam zieht ein Gewitter auf.

Mit Adjektiven können **Vergleichsformen** (Steigerungsformen) gebildet werden.

die **dicke** Kröte
die **dickere** Kröte
die **dickste** Kröte

der **kalte** Winter
der **kältere** Winter
der **kälteste** Winter

Der erste Ball fliegt **weit**,
der zweite fliegt **weiter**
und der dritte **am weitesten**.

! Bei einigen Adjektiven sind Vergleichsformen nicht üblich oder nicht sinnvoll.

voll, leer, richtig, falsch, einzig, tot, schwanger, feuerrot, riesengross

## Adjektive erkennen

**Lückenprobe** (Dingsda-Probe)
Kann man das Wort zwischen den Artikel **das** und das Wort **Dingsda** setzen?

**das ............ Dingsda**
schnelle
blaue
dünne
ewige

**Vergleichsprobe** (Steigerungsprobe)
Kann man das Wort in die Vergleichsformen setzen?

| | | |
|---|---|---|
| schwierig | schwieriger | am schwierigsten |
| langweilig | langweiliger | am langweiligsten |
| klug | klüger | am klügsten |
| ! gut | besser | am besten |

Memo 12

## Pronomen

Pronomen sind **Artikel** (Begleiter) oder **Stellvertreter** für Nomen.

ein Teller, die Mücken,
mein Pullover, dieses Buch

Der Vater ist im Garten. Ich habe ihn gesehen, als er Salatsetzlinge gegossen hat.

Die Katze, die am Fenster sitzt, gehört dem Nachbarn. Sie geniesst dort die Sonnenstrahlen und lässt sich von ihrem Platz kaum weglocken.

Eine wichtige Pronomengruppe sind die Artikel. Es gibt **bestimmte** und **unbestimmte** Artikel.

| | **Singular** (Einzahl) | **Plural** (Mehrzahl) |
|---|---|---|
| **Bestimmter Artikel** | der Hund, die Katze, das Huhn | die Affen |
| **Unbestimmter Artikel** | ein Hund, eine Katze, ein Huhn | Affen |

**Beispiele von Pronomen**

der, die, das, ein, eine, ein

ich, du, er/sie/es, wir, ihr, sie, man
mir, dir, ihm/ihr/ihm, uns, euch, ihnen
mich, dich, sich, uns, euch, sich

mein, dein, sein, ihr, sein unser, euer, ihr

dieser, diese, dieses

manche, solche

wer, wen, wem, was

welcher, welche, welches

niemand, alle, nichts, etwas

Schau dort, diese verkleideten Gestalten!
Manche von ihnen sind solche, die auch in unserer Schule waren. Ich kenne nicht alle, aber diejenigen, welche uns zuwinken, sind Freundinnen meiner Schwester.

Memo 13

## Partikel

Alle Wörter, die **nicht** Verben, Nomen, Adjektive oder Pronomen sind, gehören zu den Partikeln.

und, dass, wenn
für, mit, auf
nicht, vielleicht, sehr
ja, nein, gern
gestern, dort
Au! He!

Memo 14

## Satz und Satzregel

Ein Satz sagt, wer was macht,
was geschieht oder was ist.

Ein geschriebener Satz wird mit
einem **Satzschlusszeichen** markiert.

Ein gesprochener Satz wird mit
einer **Satzmelodie** gestaltet.

Rechtschreibregel

**Satzregel** Memo 6

Satzanfänge werden mit **grossem Anfangsbuchstaben** geschrieben,
am Ende steht ein **Satzschlusszeichen**.

**.** Ein Punkt steht nach einer Aussage.

Das Buch steht im Regal.

Ein Eichhörnchen klettert den Baum hinauf.

**?** Ein Fragezeichen steht nach einer Frage.

Kommst du auch mit?
Warum nicht?

**!** Ein Ausrufezeichen steht nach einem Befehl, einem Ausruf oder einer betonten Aufforderung.

Zieh deine Jacke an!
O ja! Das ist wirklich unerhört!
Bring diesen Brief bitte zur Post!

# Memo 15 Satzbau

Ein Satz besteht aus verschiedenen Teilen (Satzgliedern).
Jedes Satzglied beantwortet eine Frage:

- Wer oder was?
- Wen oder was?
- Wem? Mit wem? Bei wem?
- Wo? Wohin? Woher?
- Wann? Wie oft? Wie lange?
- Wie?
- Warum? Wozu?

| | |
|---|---|
| **Wann?** | Nach der Schule |
| | zeigt |
| **Wer?** | Reto |
| **Wem?** | seinem Freund |
| **Wo?** | im Garten |
| **Wie?** | voller Freude |
| **Was?** | den neuen Hasenstall. |

Im **Aussagesatz** und im **Fragesatz mit einem Fragewort** steht die Personalform des Verbs an **zweiter Stelle** nach dem ersten Satzglied.

Im **Fragesatz, der mit Ja oder Nein beantwortet wird,** und im **Befehlssatz** steht die Personalform des Verbs an **erster Stelle**.

**Verb an 2. Stelle**

| | | | |
|---|---|---|---|
| Rhea | sucht | ihre Mütze. | |
| Die Mutter | schneidet | ein Stück Brot | ab. |
| Was | trinkst | du am liebsten? | |
| Wo | hat | Paul sein Etui | verloren? |

**Verb an 1. Stelle**

| | | |
|---|---|---|
| Verstehst | du das Spiel? | |
| Hast | du das Buch schon | gelesen? |
| Störe | mich jetzt nicht! | |
| Komm | doch bitte schnell | mit! |

Memo 16

## Satzproben

Sätze können verändert werden:

| | | | | | |
|---|---|---|---|---|---|
| **Ersatzprobe**<br>Man kann Wörter oder Wortgruppen ersetzen. | –/+ | Das müde Kind<br>Der Junge | trinkt<br>trinkt | zum Frühstück<br>zum Frühstück | ein Glas Milch.<br>eine Tasse Tee. |
| **Verschiebeprobe**<br>Man kann Wörter oder Wortgruppen verschieben. | ⇄ | Das müde Kind<br>Zum Frühstück | trinkt<br>trinkt | zum Frühstück<br>das müde Kind | ein Glas Milch.<br>ein Glas Milch. |
| **Erweiterungsprobe**<br>Man kann Wörter oder Wortgruppen hinzufügen. | + | Das müde Kind<br>Das müde Kind | trinkt<br>trinkt | zum Frühstück<br>zum Frühstück | ein Glas Milch.<br>ein Glas kalte Milch mit Schokoladenpulver. |
| **Weglassprobe**<br>Man kann Wörter oder Wortgruppen weglassen. | – | Das ~~müde~~ Kind<br>Das Kind trinkt Milch. | trinkt | ~~zum Frühstück~~ | ~~ein Glas~~ Milch. |

In einem Satz kannst du auch mehrere Proben anwenden.

**!** Kontrolliere die Sätze nach der Anwendung der Proben:

- Müssen Endungen angepasst werden?
- Stimmt die Reihenfolge der Wörter?

| | | | |
|---|---|---|---|
| Das müde Kind | trinkt | zum Frühstück | ein Glas Milch. |
| + ⇄ | | –/+ ⇄ | – |
| Zu jedem Frühstück | trink**en** ! | die Mädchen | Milch. |

## Memo 17 Kommaregel bei Aufzählungen

**Rechtschreibregel**

Wörter in einer Aufzählung werden durch **Kommas** voneinander abgetrennt.

Bei **und** oder **oder** wird **kein Komma** gesetzt.

Mein Etui enthält einen Radiergummi , Farbstifte , einen neuen Füller , ein Geodreieck und einen Bleistift.

Siehst du das geheimnisvolle , bläuliche und blinkende Licht dort drüben auf der kleinen , unbewohnten Insel?

Du kannst zu Fuss nach Hause gehen , jetzt im Auto mitfahren oder später den Bus nehmen.

## Memo 18 Teilsätze und Kommaregel

Sätze können aus zwei oder mehreren **Teilsätzen** zusammengesetzt sein. Jeder Teilsatz hat ein eigenes Verb.

! Teilsätze findest du, wenn du zuerst alle Verben unterstreichst und dann die Wörter, die zu ihnen gehören, mit einer Klammer markierst.

Teilsatz | Teilsatz
Ich glaube nicht , dass du recht hast.

Teilsatz | Teilsatz
Wenn es nicht regnet , findet am Donnerstag der Sporttag statt.

Teilsatz | Teilsatz
Yanick möchte Geld verdienen , deshalb mäht er den Rasen.

Teilsatz | Teilsatz
Leonora wandert gerne , aber Sabrina fährt lieber Velo.

Teilsatz | Teilsatz
Zuerst machen wir die Aufgaben , dann treffen wir uns im Hallenbad.

**Rechtschreibregel**

**Kommaregel bei Teilsätzen**

Teilsätze werden durch **Kommas** voneinander abgetrennt.

Vor **und** oder **oder** muss kein Komma gesetzt werden.

Teilsatz | Teilsatz
Die Nachbarin , die immer so freundlich grüsst , hat einen neuen Hund.

Teilsatz | Teilsatz
Katja hat mich gestern besucht und wir sind zusammen ins Kino gegangen.

Teilsatz | Teilsatz
Soll ich heute zu dir kommen oder kommst du zu mir?

# Memo 19 Direkte Rede und Satzzeichenregeln

In einer **direkten Rede** werden Aussagen und Gedanken wortwörtlich wiedergegeben. Manchmal steht vor, innerhalb oder nach der direkten Rede ein **Begleitsatz**.

**Begleitsatz** Lena fragt:
**Direkte Rede** „Kannst du mir das Buch morgen mitbringen?"

## Regeln zur direkten Rede

Rechtschreibregel

1 Die direkte Rede wird mit Redezeichen markiert: Am Anfang steht ein **Anführungszeichen** und am Ende steht ein **Schlusszeichen**.

Lena fragt: „ Kannst du mir das Buch ausleihen und morgen mitbringen ? "

2 Jeder Satz in der direkten Rede wird mit einem **Satzschlusszeichen** abgeschlossen.

Memo 14

Danach folgt das Schlusszeichen der direkten Rede.

3 Zwischen dem Begleitsatz und der direkten Rede steht ein Doppelpunkt oder ein Komma.

Begleitsatz **vor** der direkten Rede: **Doppelpunkt**

Lena fragt : „ Kannst du mir das Buch morgen mitbringen?"

Begleitsatz **nach** der direkten Rede: **Komma**

„Kannst du mir das Buch morgen mitbringen?" , fragt Lena.

Begleitsatz **innerhalb** der direkten Rede: **je ein Komma** vor und nach dem Begleitsatz

„Kannst du mir" , fragt Lena , „das Buch morgen mitbringen?"

4 Nach dem Doppelpunkt folgt ein **grosser Anfangsbuchstabe**.

Memo 6

! Wenn die direkte Rede ein **Aussagesatz** ist und der Begleitsatz **nach** der direkten Rede steht, wird der Punkt weggelassen.

**Begleitsatz vor direkter Rede**

Pascal meint: „ Mir gefallen die roten Stühle besser als die blauen . "

**Aussagesatz mit Punkt**

**Begleitsatz nach direkter Rede**

„ Mir gefallen die roten Stühle besser als die blauen " , meint Pascal.

**Aussagesatz ohne Punkt**

# Textnachweis

Seite

9 Ein schöner Nachmittag, aus: Franz Hohler/Nikolaus Heidelbach, Das große Buch © 2009 Carl Hanser Verlag, München

11 Die Erde erzählt, aus: Marion Schütz/Sybille Günther, Geologie zum Anfassen für Kinder © 2009 Ökotopia Verlag, Münster, www.oekotopia-verlag.de

13 Jeder kann etwas: Josef Guggenmos, Von Drachen und Mäusen © Beltz & Gelberg in der Verlagsgruppe Beltz, Weinheim/Basel

17 Im goldenen Käfig: © WISSENs-Natur-Jugendzeitschrift «ich TU WAS!», Domino Verlag, München; www.tuwas.de

23 Erfindungen, aus: Jürg Schubiger/Franz Hohler, Aller Anfang © 2006 Beltz & Gelberg in der Verlagsgruppe Beltz, Weinheim/Basel

25 Farben, aus: Mohieddin Ellabbad, Das Notizbuch des Zeichners © 2008 Erschienen in der Reihe Baobab. NordSüd Verlag AG, CH 8005 Zürich

86 Lebensraum der Biber: www.kindernetz.de, «Tierlexikon»

87 Wenn dich dein Ohr warnt: von Claudia Thierstein © Spick – Das schlaue Schülermagazin, Nr. 188, August 1997

## Bildnachweis

Seite

11 Erde © NASA
15 Baikalsee, Baikalrobben © imagebroker/Alamy
27 Sonnenuhr © iStockphoto;
Räderuhr © Moreleaze Travel London/Alamy
29 Seeotter © Danny Frank/SplashdownDirect;
Seetang © Ralph A. Clevenger/CORBIS
36 Bahnhof © SBB/Nicholas Ratzenboeck;
Höhle © Alimdi
42 Illustration Jürg Obrist
47 Illustration Jürg Obrist
64 Katar © bab.ch/mauritius images
68 Gecko © GettyImages/Stone/JH Pete Carmichael
71 Schülerinnenarbeit, 4. Klasse, Arlesheim
72 Kamel © Bildagentur Huber/Gräfenhain
74 Andreas Achenbach (Kassel 1815–1910 Düsseldorf),
Die alte Akademie in Düsseldorf, 1831, Öl auf Leinwand, 64×81 cm,
Stiftung museum kunst palast, Düsseldorf, Inv. Nr. 4146
86 Biberbau © Wilfried Glatten/OKAPIA
91 Brian Selznick, Die Entdeckung des Hugo Cabret © 2010 cbj

Wir danken allen Rechteinhabern für die Genehmigung zum Abdruck.
Sollte ein Rechteinhaber übersehen worden sein, bitten wir diesen,
sich beim Lehrmittelverlag Zürich zu melden.